HRBP高级修炼

世界500强人力资源总监实践笔记

新海◎著

图书在版编目（CIP）数据

HRBP 高级修炼：世界 500 强人力资源总监实践笔记/新海著．—北京：企业管理出版社，2018.4

ISBN 978-7-5164-1698-3

Ⅰ.①H… Ⅱ.①新… Ⅲ.①企业管理－人力资源管理 Ⅳ.①F272.92

中国版本图书馆 CIP 数据核字（2018）第 064645 号

书　　名：HRBP 高级修炼：世界 500 强人力资源总监实践笔记

作　　者：新　海

责任编辑：张　平　程静涵

书　　号：ISBN 978－7－5164－1698－3

出版发行：企业管理出版社

地　　址：北京市海淀区紫竹院南路 17 号　邮编：100048

网　　址：http：//www.emph.cn

电　　话：编辑部（010）68701638　发行部（010）68701816

电子信箱：qyglcbs@emph.cn

印　　刷：北京旭丰源印刷技术有限公司

经　　销：新华书店

规　　格：145 毫米×210 毫米　32 开本　9.875 印张　230 千字

版　　次：2018 年 4 月第 1 版　　2018 年 4 月第 1 次印刷

定　　价：78.00 元

导读

本书是《HRBP 是这样炼成的之菜鸟起飞》《HRBP 是这样炼成的之中级修炼》的续作，即主人公哲涛从 HRBP 新手，到资深 HRBP（HRBP 团队管理者）再晋升到 HRD，从 HRD 的视角看 HRBP 角色与价值，并在 TD 集团践行的故事。

HR 工作者从事 HRBP 岗位几年之后，会进入一种难以突破的状态，并产生如下疑问：HRBP 能否为企业创造更大的价值？HRBP 的发展路径是什么？有此疑问，是因为他们觉得，HRBP 是服务于一个部门（如一个事业部），其格局、视野也停留在企业的某部分业务上，较难上升到整个公司的经营管理层面。

其实，这只是对 HRBP 的狭义理解，对 HRBP 的广义理解则是：HRBP 是一种思维、一种做事的方法，同时是对 HR 岗位更本质的角色认知，即所有 HR 归根结底都是业务伙伴，是服务于业务的。

本书以主人公哲涛从 HRBP 团队管理者晋升为 HRD 后，其格局、视野发生了较大变化，能够从另一个高度来看待 HR 团队在企业经营发展中的作用，得出了“HR 团队就是企业的 BP 团队（业务伙伴团队）、HRD 就是最大的 BP（业务伙伴）”这个重要认知，从而重新思考与定义 HR 团队的价值，并围绕促进企业经营发展的目标，抓住几条关键主线，在实践中探索出 HR 团队如何为业务创造更大价值的道路。

本书以案例故事的方式，介绍了 HRD 在实际工作中碰到的问题和挑战，并以 BP（业务伙伴）的思路解决这些问题与挑战。这些故事有较强的代表性，相信很多企业都会碰到，而书中提供的 HR 解决方案讲究因时因地制宜、简单有效，重在启发读者思路，可供各类企业 HRD 及 HRBP 借鉴。

第一部分，介绍了哲涛晋升为 HRD 后，认识到整个 HR 团队就是公司业务的 BP 团队，从 HRD 视角看待 HRBP 角色与作用。

第二部分，介绍了 HRD 推动企业战略落地的首要工作，就是抓好组织管理。其中，提出了若干组织变动的有效举措（如大部制、倒金字塔结构、联合作战模式等），使组织能够适应外部环境变化、匹配客户需求，从而提升企业竞争力。

第三～五部分，围绕人才这条主线，介绍了如何通过做好人才规划以满足企业未来发展诉求，以及如何为业务提供高质量的人才，如何激发人才的内在热情与潜力，从而满足企业短期与中长期的人才需求。

第六部分介绍了 HRBP 如何辅导好管理者，包括如何帮助管理者实现转身、做好团队管理、培养适应性领导力、实现业务改进、建设创新机制等。

第七、八部分，主要介绍 HRBP 如何促进企业经营与业务的跨越式发展。在促进经营方面，HRBP 主要是建立好绩效管理体系，并承担好绩效支持的角色；在促进业务发展方面，更多的是通过重塑组织能力来实现。

第九、十部分，从 HR 运营管理的角度，介绍了 HR 如何实现更高层面的价值，就是提升企业运营效率与效益；同时，通过做好变革管理，为 HR 团队更好地发挥价值铺设前进的道路，书中介绍了让变革成功的多种有效方法。

第十一～十三部分，重点介绍了 HRBP 如何进行能力修炼，以及如何为业务创造更大价值的“秘诀”，其中既有“术”的层面，更有“道”的层面。

第十四部分，主要是介绍了 HRD 如何做好 HRBP 团队的管理，以及如何提升 HRBP 的“单兵作战能力”，总体来说是如何增强 HRBP 的“战斗力”。

第十五部分，从 HRBP 的职业发展考虑，在帮助企业创造价值的同时，实现自身价值的实现；本章也为 HRBP 下一步职业发展的路径指明了方向，可以说是哲涛自身职业发展的“心经”。

本书主要从 TD 集团 HRD 哲涛的视角与经历，并结合各事业部 HRBP 所面临的各种工作场景，讲述了 HRD 如何领导 HR 团队成为业务伙伴的方法与路径。本书的内容有的是笔者亲身经历的，有的是根据需要编写的，旨在帮助读者全面、立体地了解 HRD 及 HRBP 的工作场景，并掌握 HRD 如何把 HR 团队“经营”为业务伙伴的方法论。本书的部分观点、方法与 TD 集团所处的行业环境、发展阶段有关，有的内容仅主要针对具体企业、具体情况，仅供大家参考。

前　言

登高望远，那一片新海

以“HRBP是这样炼成的”为主题的三部人力资源著作，终于写到了最后一部。从第一部“菜鸟起飞”、第二部“中级修炼”，再到现在第三部“高级修炼”，见证了我的人力资源工作的实践历程。这三本书分别呈现了HRBP的三个阶段：HRBP新手、资深HRBP（HRBP团队管理者）以及HR团队管理者（HRD）。

也许读者会问，这本书的主题是关于HRBP的，为什么把HRD的角色纳入HRBP的讨论范畴呢？这个问题其实是我在实践过程中逐步体会出来的，后来竟然在某世界知名管理咨询公司的文章中看到类似的观点。从我的思考来看，主要有以下两个方面的考虑：

一方面，HRBP团队是HR团队的重要组成部分，是HR“三支柱”之一，而且与业务连接最紧密；而HRD的角色会更多地关注公司经营管理层面的问题，自然离不开对业务的关注，从而对 HRBP 团队有着天然的关注。

另一方面，我在 HR 实践中逐步发现，BP（业务伙伴）其实是一种思维角度、一种做事的方法，就是 HR 从业务的需求与痛点出发，为业务部门提供解决方案，帮助业务部门解决问题，为业务部门创造价值。从这个角度讲，所有的 HR 成员都起着 BP 的作用，都是为业务部门服务的，整个 HR 团队就是 BP 团队，而 HRD 就是最大的 BP，只不过 HRD 的角色更多的是公司高层管理者的 BP 而已。

如果从这个角度思考，我们的思维一下子就打开了——整个 HR 团队所做的一切事情，都应该采用 BP 的思维与方法，起到业务伙伴的作用。

那么，整个 HR 团队如何成为公司业务的合作伙伴，为业务创造更多价值呢？这是人力资源“一把手”（如 HRD、CHO 或 HRVP）要考虑的事情，本书就是从人力资源“一把手”的角度剖析如何更好地体现 HR 团队对公司和业务的价值。

这些价值性工作具体包括抓好组织管理、做好人才规划、提供高质量人才、激发人才潜力、辅导好管理者、促进企业经营、重塑组织能力等方面。这些工作，都是能够有力支撑业务发展、为业务创造价值的。

另外，为了更好地实现 HR 团队支撑业务、创造价值，有一些新的工作是需要 HRD 去思考与践行的，比如发挥 HR 在变革中的作用、通过运营提高 HR 的服务效率与质量等。

当然，自始至终绕不开的是如何提升 HRBP 的能力，更好地体现 HRBP 对业务的价值贡献，这就需要 HRBP 进行持续的修炼与提升。所以，在我的 HRBP“三部曲”里，HRBP 的能力修炼始终是重要的一部分，而且是不可或缺的一部分，可以说这种修炼是永无止境的，需要在实战的“熔炉”里慢慢炼，才能百炼成钢。

本书还介绍了对 HRBP 的团队管理，以及 HRBP 的职业提升问题，因为 HRBP 发展到一定阶段，无疑都会涉及团队管理，以及自身职业发展的问题。团队管理部分，书中提到一个重要的观点，就是既要提高 HRBP 团队作战的能力，又要提高 HRBP 单兵作战的能力。对于 HRBP 的职业发展，本书给出了一个明确的答案：HRBP 是 HRD 的理想继任人选。

写完本书后，我驱车到附近的一座山峦，花了三个多小时，沿着崎岖的小路一直攀登到顶峰，站在最高处眺望远处的一片新海，海面上闪耀着条条金光，海面上船只穿梭往来，鸣笛声声。我从心底里油然生出一种自豪感，这种自豪感来源于我做了多年的 HRBP 磨砺出来的底气，生活如此之美好，未来一定会更好！

最后，送给所有在 HRBP 道路上跋涉的同人一段话：抛开表面的浮光掠影，用专注守卫初心；笑对沿途的崎岖坎坷，用坚持迎接挑战；挣脱思维的循规蹈矩，用突破记载成长；让我们将这些优秀的精神与力量汇聚在一起，在 HR 工作道路上持续投入与攻坚，在支撑业务发展、促进企业经营上取得卓越的成就！

新海

2017 年 12 月 5 日

三、 人才规划先行， 定好人才之船的航向

四、 提供高质量的人才， 成为企业发展引擎

五、 激发人才内在热情， 给企业注入生命力

十五、 让我们飞得更高更好

故事背景：

发生在某大型企业集团TD公司，TD公司是一家综合性大型民营企业集团，涉及房地产、IT、制造业（家电）、医药、物业管理、文化等行业，各行业分设事业部，员工人数约1万。

主要人物：

TD集团CEO：李健

TD集团人力资源总监：哲涛

TD集团地产事业部HRBP：文盛

TD集团家电事业部HRBP：韵诗

TD集团IT事业部HRBP：凌峰

TD集团医药事业部HRBP：依芸

TD集团职能部门HRBP：馨菊

一、整个 HR 团队就是公司业务的 BP 团队

1. 从 HRD 视角看 HRBP

哲涛在 TD 集团的 HRBP 管理岗位上已经工作了三年，这三年来他实现了三年前 HRD 徐亮给他提出的目标与期望，就是：支撑各事业部 HRBP 更好地给业务部门创造价值，构建 HRBP 管理体系，让 HRBP 角色与理念深入人心。概括来说，就是创造价值、夯实基础、推行理念。

现在 HRBP 队伍强大，已经能较好地支撑各业务部门的工作，发挥业务伙伴的价值了；HRBP 的体系建设也渐成体系，有一套较为成熟的方法论支撑，新上岗的 HRBP 手中有一本 HRBP 工作手册，经过培训很快就可以上手工作，遇到问题也能根据指导手册“按图索骥”，并得到资深 HRBP 的辅导；而业务部门对 HRBP 的角色已经很熟悉，开口闭口都说“有人力资源方面的事情就找 HRBP”。

哲涛的上司，TD 集团 HRD 徐亮，原来就是业务部门出身。近几年由于领导 HR 团队成效卓著，公司有意进一步提拔他作公司战略与营销业务的副总裁，并负责公司培育的新兴产业人工智能领域，筹建新的事业部。

这样 HRD 岗位就出现了空缺，CEO 李健与徐亮沟通接替的人选，曾考虑三个方案：一是从外部引进“空降兵”；二是从业务干部队伍中选拔；三是从 HR 团队内部提拔。经过反复讨论，考虑到哲涛工作绩效突出、能力全面、有很强的潜力，因此决定把他晋升为 HRD。

这一职业转变给哲涛打开了新的管理视野，让哲涛开始从 HRD 的视角看 HR 团队对企业经营、业务的价值。

原来的 BP（业务伙伴）思维还适用吗？需不需要升级刷新？经过深入思考，哲涛肯定了一点，就是整个 HR 团队都应发挥 BP（业务伙伴）的作用，都应支撑业务成功与经营目标达成。这样，不仅仅是 HRBP 团队，COE、HRBP、SSC 如何形成合力，共同为业务创造价值，是亟待思考与解决的问题。

另外，哲涛后续的工作将直接面对 CEO，这使哲涛压力倍增，因为以前有徐亮在上面顶着，过滤了不少压力，现在哲涛直接面对公司高层的压力，倍感责任重大。当然，有压力也有信心，信心和勇气是作为 HRD 最重要的素质。

2. 所有 HR 都是 BP

CEO 李健在饭堂里吃饭时，听到旁桌的几位员工在讨论 HR 的事情。有一个员工说："真不知道现在的 HR 部门是怎么分工的，今天我给一位 HR 同事打电话咨询关于薪酬福利的事情，她先问我在哪个部门，然后说我所在的部门有 HRBP，让我问自己部门的 HRBP，还说自己是 HR COE，不回答业务部门员工的事情，如果 HRBP 回答不了我的问题，HRBP 会再来问 HR COE 的。"

另一位员工接着说："是啊，感觉 HR 的服务态度越来越不好了。我上次也遇到了这种情况，我老婆要生小孩了，我向 HR 咨询陪护假的政策，这么简单的事情，对方也让我咨询自己部门的 HRBP，也提到自己是什么 COE 的，这个 COE 是什么啊？你给我一个答复就行了，我管你是什么 COE 还是 HRBP，对我一点都不重要。"

这几位员工又讨论了一番……

李健听了直皱眉头，找到哲涛，讲述了自己听到的信息。

哲涛说："我也发现了这个问题，我们把 HR 体系分为 COE、HRBP、HR SSC 三支柱后，最近 HR 团队出现了一些不好的迹象，就是本位主义。你提到的这个例子，HR COE 如果这样回答肯定是不对的，HR COE 也需要回答员工的问题，特别是关于政策方面的问题。”

李健严肃地说：“这是一个不好的苗头，你要及时制止它。虽然 HR 内部有不同的角色分工和主要职责，但是对我来说，整个 HR 团队都是公司的 HRBP，就是为业务部门服务的，谁都有责任为业务部门解决问题，为业务部门提供价值支撑。哲涛，你作为人力资源总监，就是 HRBP 第一人，是 HRBP 团队的头儿。归根结底，HRBP 不仅代表角色分工的专业化，更代表 HR 团队为业务提供价值和服务的意识与能力，让 HR 团队都成为业务部门的伙伴，支撑业务部门成功，这才是对 HRBP 的正确理解，而不是狭义地理解为业务部门的 HR 事宜都由 HRBP 处理。”

“HR 内部也不能‘一刀切’地划清界限，把业务部门员工的事情一股脑儿地推给 HRBP，如果你能回答就应该尽可能给予回答，如果你回答不了或者某些问题不方便由你来回答，你可以向员工解释后转给相应的 HRBP 处理。”

哲涛说：“李总，我理解你的意思，我一定深刻领会这个精神，并贯彻传达给 HR 团队的每一位员工，让他们形成正确的思想意识与作风。”

李健说：“我希望你要在 HRBP 角色上发挥更大的作用，你还是公司业务高层的 HRBP，比如这些副总裁们、事业部总经理们，你要做好这个群体的 BP（业务伙伴）工作，辅导好他们的人员管理能力，并为他们提供好价值支撑。”

哲涛赶紧说：“领导放心，我就是公司最大的‘P’!”

李健哈哈一笑：“好，你记住就行，做不好踢你屁股。”

说到这里，饭也快吃完了，他们端着饭盘走向餐具回收处，李健回过头来笑着说："下午上班时你到我办公室来一趟，我们讨论一下 HRD 怎样才能做好最高级的'P'的事。"

哲涛赶紧说："这太好了，我正思考怎么落实呢。"

3. HRD 是公司最高的 HRBP

午休后，哲涛来到李健办公室，两人接着沟通，HRD 如何做好公司“最大的 BP”。

李健说：“首先，我认为 HRD 的思维要时刻与 CEO 及业务高层在同一个频道上。你要时刻问自己是否做到了，这是对 HRD 战略性思维能力的要求。”

哲涛点点头说：“嗯，这个要求很高，我有点儿感觉了，但还是有不少差距，要努力跟上你的思维。以前做 HRBP 的时候，我逐步从 HR 的视角转到业务的视角，是从水平面上去转的（也就是宽度上的问题），现在更要从垂直面上去转（也就是高度上的问题）。”

李健半调侃地用手拍拍自己的椅子：“你可以想象自己是坐在这个椅子上的人……”哲涛被他逗得笑起来，本来挺紧张，现在放松了一些，把紧握在手里的笔放了下来。

李健接着告诉哲涛，从 CEO 的角度，自己经常思考的问题有三个，而 HRD 应该思考如何帮助自己落实这三个问题：

- 企业要做什么？其业务的组合是什么？
- 这些事应该由谁来做？

• 这些事有没有做？有没有做出好的业绩？

李健说完这三个问题后，让哲涛思考一下，从 HR 的角度看这是什么问题，通过什么方法落实。

哲涛考虑了几分钟，在笔记本上写了几个要点，开始作答："第一个问题，对 HR 来说，要做好人力资源的规划问题就是资源优先投入什么方向与领域，一定要与公司的业务布局相匹配，不仅要看到眼前的布局，还要看到未来的布局，提前做好人才的储备与投入。"

"很好，那第二个问题呢？"

回答完第一个问题，哲涛心里有了点底："第二个问题是关于人才选用的问题，就是识别好人才，包括管理者、专业人才，并对他们有比较全面的评估，如绩效、能力（技能）、态度等，当有岗位空缺的时候，很快能识别什么人适合这个岗位。这就要求 HR 要有比较好的人才评估机制、方法与工具，同时做好人才数据的管理。"

李健用手轻轻敲着办公桌，半眯着眼点头："这个问题也回答得比较好，但考虑得还不够全面。我补充一下，岗位职责、目标的明确，以及岗位对胜任能力的要求也很重要，这是做好人岗匹配的前提。而且，这个岗位职责与要求要定期刷新，我发现我们的岗位说明书都是两年前的，现在内、外部形势已经有了一定的变化，需要同步审视刷新。"

"是的，我们会尽快组织各部门审视刷新。"

"另外，除了岗位职责与目标的明确，要同步做好人员的分工，分工越清晰、明确，内部沟通的消耗越小。但是，无论怎么分工明确，总会出现一些新的事情，这就要求员工能自动自发地完成非工作范围内的事情。"李健说完，便接着问："那第三个问题呢?”

哲涛说:“第三个问题就要通过做好绩效管理达到评估事情有没有做、做得怎么样,绩效管理的全流程管理就显得非常关键。绩效目标的设定、绩效目标的辅导、绩效考核的实施、绩效结果的沟通与应用,要扎扎实实做好,才能支撑第三个问题的落地。”

“除了绩效管理,激励机制也需要同步跟上,才能确保做得好的员工得到相应的正面激励,做得不好的员工也受到相应的鞭策,这样才能形成一股正向的力量。”

听了哲涛的回答,李健闭目沉思了一会儿,似乎在想刚才的沟通有没有遗漏什么。他突然睁开眼睛说:“我们刚才谈的基本都是人才的问题,但是遗漏了组织的问题,还有文化的问题。”

“比如第一个问题,企业要做什么?其业务的组合是什么?你可以先从组织上考虑,比如企业需要在组织上做哪些调整、需要设置或撤销哪些部门、各部门应该设置哪些岗位、配备多少人等。组织考虑好了,再考虑人的事情。

“还有文化,我们需要什么样的文化,才能支撑公司的持续发展?我们的愿景与使命是否清晰并传达到每一位员工?公司的核心价值观是否落地并使每一位员工都践行?这些问题都需要 HRD 去思考。”

哲涛在笔记本上写下“组织、人才、文化”,然后说:“我觉得最关键的、对我最有挑战的就是要有 CEO 一样的使命感,然后主动思考这些问题,就如你刚才所说的,思维的到位、意识的到位,是最重要的,也是首要的因素。”

4. HRBP 团队应抓好的五件事

和李健沟通后不久，哲涛就组织公司高层管理者在酒店开展了一次以“HRBP 团队如何做好业务伙伴”为主题的研讨，这个酒店坐落在湖中心小岛上，岛上翠绿的树丛中栖息着很多白色的水鸟，像一团团白色的花绽放在树冠上。

十多位高层管理者进行了激烈的观点碰撞，这使哲涛感到压力很大，因为 HRBP 团队不断接受业务员的追问：“HRBP 对业务的价值究竟是什么？HRBP 呈现业务价值的关键成功领域是什么？”

讨论的结果，大伙把 HR 团队的价值聚焦在以下五个方面：

- 促进经营目标达成。
- 推动战略举措的落地。
- 持续激发组织的活力。
- 建设高绩效团队。
- 提升组织运营效率。

为了实现上述几点价值，HR 团队应该聚焦在哪些关键领域呢？通过深入的讨论，大家讨论出 HR 给业务创造价值的五个“抓手”：组织能力提升、人才供应、人才管理、人才激励、价值观建设。

• 组织能力提升：如何确保组织能力持续增长，这是赢得外部竞争优势的根本。它包括内部资源的组织方式、组织面对快速变化的市场的灵活性、产品的转化能力、异地扩张的经验与能力复制、流程建设与风险管控能力等。

• 人才供应：如何确保有人可用，支撑业务快速扩张与公司战略举措落地？它包括人才供应的效率与质量，还包括用工策略、用工模式等。

• 人才管理：如何让人才持续产生高绩效？通过不同人才群体的使用、评估、流动、晋升等管理策略，持续激发人才热情、提升人才能力、提高人才绩效。

• 人才激励：如何通过各种激励方式，给予人才应有的回报？它包括物质激励与非物质激励、短期激励与中长期激励等方式，同时考虑不同特点的人才群体，采用不同的激励方式。

• 价值观建设：如何建设与强化企业文化建设？通过价值观的宣导，使员工的行为与价值观保持一致，共同为客户创造价值。

5. HRBP 要起到先知、先决、先行的作用

会上继续讨论，大家反馈最大的问题就是 HRBP 的被动响应——什么都是慢于业务的脚步，导致这成为影响业务发展的因素。很多时候，由于人才不能到位、能力跟不上等原因，导致业务不能正常开展或不能发挥出应有的作用。

哲涛提出 HRBP 团队的目标，就是要达到“兵马未动，粮草先行”的效果，要发挥先知、先决、先行的作用，当业务呼唤炮火的时候，炮火能呼之即来，及时支撑业务的发展。

（1）先知：先知有两层含义。

一是指 HRBP 要先知道业务有哪些新动作与新变化，从而提前在人才方面做准备。“春江水暖鸭先知”，春天来临，水温提高，喜欢戏水的鸭子最先感受到这种变化，这也告诉我们实践的重要与可贵，HRBP 也要“跳”进业务之“河”，去感受业务部门的酸甜苦辣、喜怒哀乐。

二是要先洞察到行业内人力资源市场的变化，从而推知行业趋势与竞争企业的动态。比如，HRBP 从应聘人员中知道竞争企业关键人才变动的信息，再进一步了解其业务的调整，将此信息转达给业务部门做业务决策的参考。

（2）先决：为解决某一问题必须首先解决的，如先决条件、先决问题。

很多时候，业务能否迈开第一步，是否有合适的“扛旗”之才，往往成为首先要解决的问题，特别是新兴的业务。因此，当一个业务方向冒出苗头时，HR 部门应该成为第一个先动起来的部门。

（3）先行：先动起来。

HRBP 要充分意识到自己的先决作用后，不能被动地等待业务“发号施令”，要“未雨绸缪”“枕戈待旦”“提前启程”，提前了解业务变化信息，铺垫好人才渠道，收集人才信息，储备合适人才，永远要走在业务部门有实质性动作的前面。

二、抓好组织管理，就是抓好战略落地的“牛鼻子”

1. 组织变化是改变企业航向的方向盘

TD 集团看到全球及中国人工智能领域的发展趋势，决心利用自己从事制造行业的积累优势，进入人工智能领域，发展工业机器人，逐步在人工智能领域做大。

CEO 李健和徐亮（现任战略与营销副总裁，兼人工智能事业部部长）、哲涛一起商量，如何成功开展本次业务开拓。他们提出先设立组织为先导，并规划人力规模从小到大的演进过程。

于是，哲涛与业务部门的同事一起规划人工智能事业部的组织方案，组织方案主要包括组织的形态（组织架构）、组织的人力规模、组织的绩效产出。同时，描述出根据组织业绩的达成情况，组织逐步演进、人员逐步投入的步骤，初期主要投入产品规划与研发的人才，然后投入销售与生产领域的人才，在业务规模的不断壮大过程中，组织也不断发展壮大。

任何一个新的业务孕育，如同一颗种子，需要不断浇灌，从最小的组织单元设置开始，虽然小，但它代表了组织之船的航向在发生微调。

2. 组织要匹配客户的变化

房地产事业部总经理李成发现行业有一些新的趋势，客户（业主）的潜在需求在不断变化，业主或潜在业主不仅关注住宅本身，还关注周边的教育资源、商业配套、健康休闲、医疗条件、娱乐设施等，而目前公司的业务规划还较多地停留在住宅地产本身。

因此，李成向公司提出公司的业务范围应逐步拓展到教育、商业、健康产业、娱乐休闲业等，慢慢走向产业新城的概念，满足民众的多元化需求，提供综合的、一条龙的产品与服务，形成内涵更丰富的品牌、更纵深的产业空间，同时提升行业抗风险能力。

李成在制定地产行业规划时，与哲涛一起沟通了基于产业变化而对组织进行变化的诉求，即根据行业的发展趋势与公司未来的业务发展需要，设立发展产业新城规划的部门，并引进相关的高级管理人才与专业人才，整合行业上下游资源。这个方案经过公司经营例会讨论通过，被正式写到地产行业规划中。

组织形态要有利于我们更好地给客户呈现价值，提供高价值的服务与体验，融入客户的工作、生活，使公司提供的产品与服务在他们的生活中所占的比重越来越大，这样才是真正以客户为中心，并赢得客户的认可与回报。

3. 新设组织会增加复杂性，要逐步推进

当李成和哲涛沟通地产行业组织架构的设置方案时，他主张一开始就设置若干个实体部门并任命管理者，包括商业地产部、健康产业部等四个部门，以便尽快拓展到住宅地产周边的相关业务。

哲涛对此提出了不同意见，因为新设组织是一件很慎重的事，组织一旦设立就会形成业务流程上的“节点”，并不断消耗企业的资源（人、财等方面），并固化了任命为新组织的管理者，使组织缺乏根据新业务而灵活调整的弹性。

他认为组织变化不仅仅是设置实体部门这一个方式，还可以设置业务模块（如在地产事业部下设立商业拓展模块），或者设置一些关键角色（如商业拓展经理，直接向地产事业部总经理汇报）。

设置业务模块与关键角色适用于有较大不确定性的新业务，而对于新业务的人员配置应该从紧，可以共享上一层部门的人力资源。当业务规模逐步扩大，收入与市场前景有确定性的预期后，再设立实体部门并任命管理者、独立预算与核算，这才是比较稳妥的方式。

另外，企业还可以先设立项目型组织，从不同部门抽调人员，等项目运作成功并初成规模时，再择机成立实体组织。

4. 学习国家“大部制”组织变革

最近总部经常收到一线部门的反馈，抱怨总部的分工太细了，“多头”下任务的现象严重，其中很多工作是重合的。由于“多头”指挥，一线往往要分别协调不同部门、获取多个审批才能把一件事情办成，内部沟通的成本太大。

哲涛还记得在馨翠湖年会上，高层管理者期望 HRBP 团队给组织创造的价值之一就提升组织运营效率。他认为，需要对组织设立进行严格管理，并对现有组织进行审视，是否可以进一步调整优化而提升组织运营效率。

哲涛提出，对于新的战略性投入的业务，只有当公司已经有了比较明确的业务规划，并有了规模性的客户需求，形成一定的市场规模，才可以考虑新增组织，原则上不新增组织。

另外，他认为可以借鉴国家的“大部制”改革，把一些部门合并，这样可以把一部分干部精简出来，充实到一线，使一线的“作战力量”得到加强。

哲涛认真研究了国家“大部制”改革的相关材料。“大部制”为大部门体制，即为推进政府事务综合管理与协调，按政府综合管理职能合并政府部门，组成超级大部门的政府组织体制。其特点是，扩大一个部所管理的业务范围，把多种内容有联系的事务交由一个部管辖。概括来说，“大部制”是“大职能、宽领域、少机构”，政府部门的管理范围广、职能综合性强、部门扯皮少，从而最大限度地避免政府职能交叉、政出多门、多头管理，从而提高行政效率，降低行政成本。

哲涛的思路得到了 CEO 李健的支持，哲涛开始对总部各部门审视是否需要合并，把相关性较强的部门进行整合，在一定程度上实现了“大部制”管理模式。

以人力资源部为例，下层的招聘部门、培训部门合并为招聘培训部，打通人才招聘及人才组织融入流程；组织管理部与人力预算部合并，因为组织调整往往连带预算的调整；绩效管理与任职管理部门合并，因为两者都是关于对人的考核与评估；员工关系部与企业文化部合并，两者在工作内容上有较强的相关性。

后来，经过各部门审视，整个公司共精简了 25 个部门，原有 20 多位管理者大部分被任命到一线，小部分担任大部门的副职或撤销管理者职位。总部管理者被任命到一线后，其职级不变或有所提升，较好地保护或提升了其积极性。

5. 倒金字塔结构： 总部支撑一线

这一天，哲涛在与公司高层讨论公司组织结构时，发现一个业务主管在画公司组织结构时画出一个金字塔结构，然后看到由上而下的决策流，下一层要与上一层逐步对齐。

他看到总经理李健皱了皱眉头，说：“总觉得我们这样的组织结构有什么问题，不利于我们对客户的快速反应。”

哲涛提出“倒画”金字塔结构，把一线的组织（如办事处、项目组织）画在最上方，作为“倒金字塔”上面最长的边，而这条边对应的是客户与消费者；一线组织是最敏锐的触角，收集客户的声音，然后逐步传到公司内部，这是喇叭向上的结构。一线组织往下逐层是二线组织、三线组织……一直到总部，总部就在最底部。这样的“倒金字塔”画出来后，公司的组织就变成了由总部到一线的逐层支撑，一线是呼唤炮火资源的组织，总部及二三线部门是资源支持部门。

李健看后，满意地点点头：“这正是我们需要的组织形态，以后就要这样看待和画我们的组织，一定要把一线放在最上方。我们是支撑一线去满足客户的需求，为客户创造价值的。机动性、灵活性对于组织的成功是非常重要的，企业的伟大转折点往往出现在组织方面的调整，因为这是组织航向的调整。相信我们这一步走对了！”

这其实是一种思维转变，从原来的自上而下传达指令，改为后方支撑最前方的一线作战。后方是大平台，一线是小终端。这种大平台支撑小终端作战的方式将是未来的趋势，也就是通常意义上所说的“班长的战争”，给予一线的“班长”进行任务式指挥的权力。

这种任务式的指挥、强调组织要实现的最终结果，并谨慎承担风险，它是指挥艺术与指挥科学的平衡，作战指挥权下沉一线，行政管理与作战指挥分离，基于任务本身与下属准备度进行授权；战略资源集中共享，战术资源下沉一线，强调组织力量的“前沿存在”。

6. 形成内部联合作战的模式

哲涛在李健的支持下，虽然把组织结构进行了较大的变化，也下发到公司各部门，但仍然接到一线业务部门的投诉。当一线由于项目开展需要支持时，得不到大区、总部的及时支援，而到达一线的总部与大区的人员，一线指挥不了他们。

哲涛考虑要把作战的指挥权赋予一线的项目经理，并解决组织碎片多的问题。在一线只有一个指挥，就是项目经理。要给项目经理授权，首先是业务指挥权，另外还要有人员选用权、财权、人员评价权、激励分配权。之前公司提出过类似的思路，但在落地上做得不够，现在制定项目经理授权手册是当务之急，而且要把这些权力固化到流程中。

同时，哲涛还思考借鉴军队中联合作战模式。联合，才能攥指成拳；联合，方能体系制胜。军队中强化信息主导、体系支撑、精兵作战、联合制胜的观念，值得企业借鉴。现代战争时空特性已发生重大变化，多维战场空间融为一体，战略、战役、战术行动界限趋于模糊，时间要素不断升值，战争进入发现即摧毁的“秒杀”时代。联合作战指挥中心效率如何，直接关系到作战胜负。探索研究联合作战工作模式，就是要确定整个作战体系的协同方式、工作流程及工作组态，从而产生最佳、最快的作战指挥效能。

企业也要培养能够联合作战指挥的人才，形成联合作战工作模式。概括地说，工作模式就是依据应用背景、工作条件及参与人的角色，确定整个系统的协同方式、工作流程及工作组态，以实现最佳的运行效果。不同的工作模式直接影响系统运行效率，打造高效可靠的联合作战工作模式是实现高效指挥的需要。

哲涛提出，要帮助组织实现联合作战模式，必须实现四个转型：组织管控方式的转型、人才思想与能力的转型、作战方式的转型、武器装备的转型。企业要培养联合作战能力，首先，要求基层要有综合作战能力，高层要有战略能力，下级要理解上级意图。其次，要聚焦作战能力的实现，行政管理流程与作战流程分离，并进行有效授权。最终要实现一线的“班长”能够进行任务式的指挥，这不仅关系到指挥的艺术（个人能力），还关系到控制科学（管理系统）。

7. 从长板得到的启发：平台 + 控制点

随着一线的呼声越来越高，公司高层领导也在思考总部、大区的新定位，要弱化管控的作用，不断加强支撑一线作战的作用。

公司的系统性能力是通过一线去集中爆发和展现出来的，总部和大区要给一线能力与资源，使一线能够打赢“班长的战争”。这就要求公司各层组织都要转变角色与自身价值定义，并改变工作方式。

李健要求高层领导从自身的业务领域出发，思考如何实现新的角色与功能转变。哲涛也收到这个任务，一直在思考人力资源系统如何实现这个转变。

有一天下班后，哲涛经过写字楼下面的广场，看到一些人在玩滑板，还有上下起伏的坡度，以及绕行障碍物，突然有了一些灵感，他觉得长板的原理很有意思。

长板，就是平台 + 控制点。长板是双脚踩在上面进行能力运用，劲儿使用在平台上，而平台的能量、力量要通过控制点（轮子）去实现。没有平台，就无处使力；没有轮子，就无法滑行。他又“百度”了一下长板的描述：

长板（longboard），是滑板的变体，最早诞生于冲浪板加轮滑鞋的轮子，类似于带轮子的冲浪板/滑雪板。它和普通滑板相比，板面更长、更宽，轮子更大、更软、更宽，拥有更长的续航能力、更佳的路面适应能力及更快的上手时间和更好的操作感。

长板的乐趣在于速度，slide、drift（漂移）、dancing（在板面上做出各种技巧动作，形似跳舞）等。长板的玩法几乎都与速度挂钩，在 downhill 时，速度通常可达（30～120km/h）。现有世界纪录为 130.08km/h。

那么，平台应该做什么事情？就是提供工具、方法、资源、能力（类似长板的平台），及时支持一线（类似长板的控制点——轮子），前方需要的时候能及时呼唤来，不需要时马上调整方向，转到更需要的地方。

平台要发挥好资源管理的作用，平时要养好兵，准备好资源，构筑好能力。一线需要的时候，可以向平台呼唤资源，资源需要“上架”，资源是可以“买卖”的。一线向平台买资源，就要付钱，可以用了之后“结算”，这样就不会乱呼唤资源，而是真正有需要时才呼唤必要的资源。平台就是起到“主建”的作用，建组织能力、建资源池。

相反，一线要起到“主战”的作用。要使一线的地位得到提升，走到前台来，授之以权力，起到任务式指挥作战的作用。当然，一线的责、权、利要对等，权力要匹配责任，并有相应的利益进行挂钩。

通过“平台主建、一线主战”的组织功能变化，才能匹配业务的快速变化，提升业务战略一致性与灵活性，实现重心下沉转移。同时，公司的流程与 IT 的建设与优化也要匹配这种组织运作的变革。

8. 让组织边界变得模糊

自TD集团逐步推行一线指挥作战的运作模式后，各层组织的大部分人员都投入项目里支撑“作战”，有总部、大区的专家支持，有远程支持的人员，还有一些外部顾问。

员工也分不清楚哪些人是自己部门的、哪些人不是自己部门的，感觉大家都在项目经理的指挥下围绕着一个目标、一个任务而“战斗”，任务式指挥的雏形逐步形成。

哲涛想，第一步，在组织内部建立“云化”资源与能力中心，让资源可以根据需求自由地流动，使其价值最大化。第二步，要广泛应用外部资源，加强组织的力量，用外部人才的知识、技能与经验，让组织变成无边界组织，集组织内外部人才的智慧解决问题，把对内部创新的管理延伸到对外部创新能力的管理。

实现的方式，比如众包、产学研合作、生态联合、投资并购等方式，还采用非全日制雇员、人力外包、外部顾问、实习生、兼职工作者、独立工作者、自由职业者、业务外包等多种用工方式。

哲涛想，未来组织边界将越来越模糊，上下模糊、左右模糊、内外模糊，也许这就是互联网时代组织变化的趋势，组织将出现一种自组织、自演进、自多样化的趋势。组织变化的起点首先是业务战略布局，其次是基于业务战略布局构建能力地图，最后才是人才地图。

三、人才规划先行，定好人才之船的航向

1. 人海战术的困境

在业务研讨会上，销售副总裁谈起今年销售的压力，外部竞争太激烈，近期公司屡屡丢单，派出去的人不少，但是没有起到关键作用，不知如何突破这个困境。

李健听了，沉思片刻，他发表了自己的看法，认为目前与竞争对手的竞争还是靠人海战术，很多人一起去见客户，以显示公司实力，但是缺少具有综合能力的人才。

“现在不是打群架的时代，而是一对一‘单挑’，‘孤胆英雄’背后是强大的公司实力。我们派出的人应该具备本领高强、武器精良，而且背后还要有强大的后盾，是‘重装旅’。”

李健善于用比喻讲道理，他用蚂蚁的分类打比方，介绍了蚂蚁的五种分工。

（1）蚁后：有生殖能力的雌性，或称母蚁，在群体中体型最大，特别是腹部大，生殖器官发达，触角短，胸足小，有翅、脱翅或无翅。主要职责是产卵、繁殖后代和统管这个群体大家庭。

（2）蚁王：负责和蚁后交配，一个蚁群中至少有一个蚁王。

（3）雄蚁：或称父蚁。头圆小，上颚不发达，触角细长。有发达的生殖器官和外生殖器，主要职能是与蚁后交配。

（4）兵蚁：兵蚁是没有生殖能力的雄蚁。头大，上颚发达，可以粉碎坚硬食物，在保卫群体时成为战斗的武器。兵蚁，顾名思义就是负责保护蚁巢及蚁巢中所有蚂蚁的安全，特征是双腭很大，一般都是不干活的。

（5）工蚁又称职蚁：无翅，一般为群体中最小的个体，但数量最多，复眼小，单眼极或无。蚂蚁中的工蚁和兵蚁都是雄蚂蚁，不同于雄蚁的是，它们没有生育能力。工蚁主要负责筑巢、找食物、照顾幼虫和蚁后等一系列工作，是蚂蚁中最累的职业。

"你们想一想，我们目前的组织就像是工蚁很多，用的是人海战术，都在干着底层最苦最累的活……而兵蚁太少，就是有战斗力、创造关键价值的员工太少。至于我们的中层管理者，是否有点像雄蚁，可以帮助组织开拓未来；而高层管理者很少，是否就像蚁王、蚁后，属于孕育、创造未来的。"

大家听了笑起来，觉得这个比喻很有趣，激发了他们思考组织的人才结构是否合理，不同层级、不同类别的群体应该担负哪些职责，发挥哪些价值。

2. 人才规划主要是精兵规划

李健讲了蚂蚁的例子后，要求哲涛和各业务部门一起根据公司业务战略，从企业中长期发展着手，重新规划人才结构。

“那么，如何规划我们的人才结构呢？”李健指了一下哲涛，笑着说道，“请我们的 HRD 来说说看。”

哲涛刚才听李健关于蚂蚁的故事时，已经有了初步思路，他说：“做人才队伍的规划，重点要聚焦关键人才的规划，也就是精兵的规划。”

大伙听了这个观点觉得很新奇，有人问：“什么叫精兵？”

哲涛回答：“精兵，就是训练有素、战斗力强的士兵。”

哲涛说：“概括来说，我们要的精兵是素质优秀、业务能力过硬、业绩突出，并高度符合公司价值观的员工。”

他认为，业务部门要根据部门业务战略目标，分析未来需要哪些关键人才，包括数量与质量的要求，然后看目前所处的阶段，离目标的人才的差距有哪些，采取相应的措施来弥补这个差距。人才规划的差距是端到端的人才管理举措，包括人才获取、人才使用、人才管理与激励等。

他特别提到，精兵不仅仅是有工作经验的人才，还包括优秀的应届毕业生，这是公司未来的新生力量。他发现有的部门不要应届生，其实是目光很短浅的做法，一定要做好长远的人才规划，只有培养好未来所需的人才，才能赢得未来。

3. 多梯次的管理者队伍

“这里的精兵是指专业人才还是管理者?”医药事业部部长突然问到，他一向喜欢思考与提问。

哲涛说：“做好精兵人才规划，要围绕关键岗位展开。这个关键岗位包括两类：一类是专业岗位；另一类是管理岗位。无论是专业岗位还是管理岗位，都要对准我们的核心业务，也就是公司的‘主航道’，并按岗位价值贡献大小评估其重要性，优先做好岗位价值贡献最大的20%的岗位的精兵规划。把这20%的岗位做好，组织未来发展的基础力量就保证了。”

医药事业部总经理程明接着问：“那么，对于管理者的精兵规划，我们主要解决好什么问题?”

哲涛向他投去赞赏的眼光：“这个问题问得特别好，你思考得很深入。管理者的精兵规划主要解决两个问题：一是管理者的准备度问题；二是管理者的梯次问题。”

大家听了这几个词，都觉得很新鲜。

哲涛看出大家的心思，接着介绍：“准备度问题就是下一个可能被晋升的管理者是否已经准备好了，能力、经验与价值观是否已达到新岗位的要求；而梯次问题，就是一个管理岗位是否有多个不同准备度层级的人员在准备着，如果一个管理者出了问题，下面是否还有源源不断的合格的人选顶上来。”

“那么，如何才能做好管理者队伍的准备度与多梯次呢，让合格甚至优秀的管理者层出不穷呢？这是需要我们思考的问题，也是需要大伙一起讨论的问题。”这回哲涛把“球”踢回给与会人员，于是大家开始就这个专题展开了热烈的讨论。

众人拾柴火焰高，经过一个小时的深入讨论，大家总结出几条管理者精兵规划的关键举措：

一是要通过有意识的轮岗磨炼，从高层岗位开始，规划这些岗位原则上“必经的路径”，也就是必须要历练的岗位，比如房地产的区域总经理要经过设计管理、营销（或销售）、工程管理三个主要业务领域的至少两个岗位的经历，并有过两个不同区域工作的经验，这样才有全局的、端到端的管理视野。

二是给各部门每年制定一定的管理者输出指标。要使合格、优秀的管理者层出不穷，就要提供更多的干部锻炼机会，就要腾出空来给新的管理者，破格提拔年轻人才。“树挪死，人挪活”，即使岗位总量没有增加，只是进行空间层面的岗位轮换，也会取得同样的管理者历练、激活的效果。

三是高中层管理者在业务考察、业务研讨时要有考察下一层级管理者的任务和指标，填写管理者考察报告。高层管理者考察中层管理者、中层管理者考察基层管理者，及时发现好苗子，给有潜力的干部指明方向、注入活力。

四是每一个高层、中层管理者都要有带领与辅导干部的责任，并定向辅导 1 ~ 3 位下一层级管理者，做好导师的角色，定期与其沟通，解答其疑惑，帮助其发展。

李健最后总结道：“我们一定要把管理者的内部培养与发展

作为第一要务，而非通过‘空降兵’。因为通过多年的实践发现，内部培养起来的管理者是最可靠、最稳定、最能扎根下来、最能创造价值的人。”

4. 企业增长“新常态”下的人力供给侧改革

“新常态”，这个词在近年的传播里频繁被提及，也逐步引起企业的关注。国家经济发展的趋势进入一种新常态，就是从高增速进入中低增速的新常态。企业也同样进入这样一个增长的新常态，特别是传统行业遇到了“市场天花板”的约束，特别是受到移动互联网、共享经济、工业 4.0 等的冲击，很多行业不可避免地出现这种新常态。

这个趋势也引起 TD 集团总经理李健的关注，李健号召分管各业务领域的高层管理者多读中国经济的转型方法论，如何借鉴、运用到企业经营管理工作中，特别是在自己所分管领域的工作中应用。

哲涛在研读这方面材料时读到这样一些评论：

“我国经济正在向形态更高级、分工更复杂、结构更合理的阶段演化，经济发展进入新常态。”

“必须把改善供给侧结构作为主攻方向，从生产端入手，提高供给体系质量和效率，扩大有效和中高端供给，增强供给侧结构对需求变化的适应性。”

“面对供给侧结构性、体制性矛盾，只有调整经济结构，培育形成新的增长动力，才能从根本上解决经济的长远发展问题。”

哲涛琢磨这些话，回味无穷，感觉这些国家经济改革的思路也同样适用于企业管理等改革，包括人力资源管理领域的改革，比如供给侧、结构性、体制性的改革，对于人力资源工作很有启发。

哲涛想，企业的人力资源管理是否也可以学习借鉴这个理论与方法呢？

在企业增长放缓已成为一种新常态的情况下，我们不能一味跟随业务对人才的需求，不能由业务需求牵引着，没有边界的让人力膨胀，而这种需求导致结构性的变化。我们必须从战略的角度去引导需求，主动改变人才供给的层次与结构，通过人才供给的改变驱动业务的发展，引领和带动企业进入到另一个增长的新轨道。

业务部门天天想着怎么打赢今天的战斗，却没有想到明天甚至后天的战争该如何取胜。而“只有打造后天的军队，才能赢得明天的战争”，我们的人才供给也应该这样，应该有不同比例的人才投入到今天、明天、后天，不能因为战术性的投入而忽视战略性的人才投入。

那么，如何进行人才供给侧的改变呢？

哲涛想从企业业务的战略出发，分析支撑企业战略实现的人才供给需求。

第一，在公司业务增长的一定范围内，人才总体供给量基本不变，人力资源的增长不能与业务同步增长，更不能快于业务的增长，要慢于业务的增长。

第二，在年度人才需求中，专门划出一部分新型业务的人才需求，可以把业务分为三个阶段：成熟型业务、成长型业务、培育型业务。这三部分的指导招聘比例是6∶3∶1，各个业务部门在此指导原则下保持一定的弹性，这往往和招聘的岗位类型所属的领域变化有关系。

第三，要提高人员层次，特别是关键岗位的人才，要招聘所谓的业界明白人。那么，如何入手呢？要补充一些高端人才，甚至行业的“牛人”，让企业各业务领域对准行业标杆，不断升级换代。

第四，改变用工的模式，就是采用不同的用工类型。有的人才要求“所有”，有的人才要求“所用”即可。比如，有些岗位可以用租赁员工（如人力外包、顾问等），还可以用实习生，甚至自由职业者等。根据不同的用工场景可以使用不同的用工类型，进行灵活的组合，这样就实现了灵活且具有弹性的用工机制，更符合业务用工的实质，更有利于降低企业的用工成本与压力，掌握用人的主动权。

制定了这些人才供给侧的“改革”思路后，哲涛首先广泛征求业务部门的意见，制定出更具实操性的方案。然后在公司经营管理例会上进行充分的讨论，形成公司未来几年的人才策略。

“一分部署，九分落实。”在落实的过程中，哲涛深深感受到推行改革的不易，最难的是改变业务主管受迫于眼前用人的压力，让他们能从中长期的角度考虑人才需求的问题，通过人才供给侧的改变拉动业务经营侧的改变，这种改变是逐步体现的。

另外，有的要求可以用行政性、指令性的方式要求落实，比如招聘“明天”“后天”业务所需的人才。但有的事情必须给业务部门一定的灵活性，比如用工模式的选择。总部发布的是静态文件，一线要做动态管理，这是企业管理必须“两手抓”的道理。

中国经济新常态相关参考信息：

引领新常态就是寻求新动力。作为我国经济发展进入新常态的一个重要表现——增长速度换挡，是经济发展和人口转变阶段变化的结果。2010 年，按人均国内生产总值（GDP）总量衡量，我国已成为世界第二大经济体，根据世界银行分类和按人均 GDP 衡量，我国进入中等偏上收入国家的行列。同年，我国 15～59 岁劳动年龄人口总量达到峰值，随后开始减少，人口抚养比相应上升。这种阶段性变化意味着，长期支撑我国高速经济增长的传统动力逐渐式微，必然导致潜在增长率的下降，实际经济增长减速。

经济增长减速并不必然是坏事。从世界经济史来看，高速经济增长是特定发展阶段上的一种赶超现象。比如，2014 年在世界经济平均 2.5% 的增长率下，低收入国家达到 6.3%、中等偏下收入国家 5.8%、中等偏上收入国家 4.5%，而高收入国家只有 1.7%。这是因为处在较低发展阶段的国家，由于存在技术和生产率的差距，经济增长具有后发优势，可以主要依靠资本、土地和劳动力的投入实现；而对于处在更高经济发展阶段上的国家来说，经济增长则必须靠全要素生产率的提高。

全要素生产率是指在各种生产要素的投入水平既定的条件下，所达到的额外生产效率。一个企业也好、一个国家也好，如果资本、劳动力和其他生产要素投入的增长率分别都是 5%，如果没有生产率的进步，正常情况下产出或 GDP 增长也应该是 5%。如果显示出的产出或 GDP 增长大于 5%，如 8%，多出来的 3 个百分点在统计学意义上表现为残差。在经济学意义上，就是全要素生产率对产出或经济增长的贡献。

提高全要素生产率通常有两种途径：一是通过技术进步实现生产效率的提高；二是通过生产要素的重新组合实现配置效率的提高。主要表现为，在生产要素投入之外，通过技术进步、体制优化、组织管理改善等无形要素推动经济增长的作用。从微观层面上讲，企业采用了新技术、新工艺，开拓新市场、开发新产品、改善管理，体制改革激发了人的积极性，都可以提高全要素生产率。从宏观层面上讲，通过资源重新配置，比如，劳动力从生产率较低的农业部门转向生产率较高的非农部门，就可以提高全要素生产率。

5. 让内部的人才流动起来

最近，有几个部门主管来找哲涛，他们看上了其他部门的员工，但是很难调动过来，因为对方部门不愿意放人。

他们和哲涛抱怨：企业发展壮大以后，官僚气息和本位主义比较严重，很多员工在一个部门待了多年，有的还固定在一个岗位上，长时间得不到部门和岗位调整，这对员工发展很不利。因为部门主管倾向于用熟人、熟手，这样工作比较容易开展，所以不愿意放人。当其他部门看上自己部门的员工时，原部门往往把路堵死了，不让员工转部门、转岗，甚至不惜让员工离职。真正需要人的业务部门得不到人才，而有的部门却人员冗余，人力资源不能得到有效的优化配置。

其中一位业务主管感叹道："要是我们公司内部也像外部的人才市场那样就好了，我们看上的人才，如果对方也愿意，就可以给他发 Offer，让他跳槽过来。这样的双向选择，运用市场机制优化资源配置多便利啊！"

他这一提，倒是启发了哲涛的思路，他突发奇想："为什么我们不能建立一个内部人才自由流动的机制呢？"

他把这个想法向 CEO 李健汇报，李健非常支持，认为流动是激发活力的重要方式，要以流动为抓手，促进人才的新陈代谢，支撑业务成功。

为了满足公司业务战略的达成，人才的流动是必需的，这种流动有指令性的，也有非指令性的，就是“有形的手 + 无形的手”。内部人才市场就是非指令性的流动，属于“无形的手”，开始时比例可以小一些，以便控制好风险，成熟之后再逐步扩大比例，从而建立起计划与市场相结合的人才流动机制。

“归根结底，我们要建立起一个敏捷的组织，以应对新的业务领域、新的区域开拓、新的客户拓展，使组织形式调整、人才流动更为敏捷地应对业务的变化，灵活调整。就像眼镜蛇一样，蛇头不断地追求目标摆动，拖动整个蛇身随之而动，相互的关节并不因摆动而不协调，反而是自然柔顺而一致的。”李健的这番话，让哲涛觉得耐人寻味、非常有哲理。

在内部人才市场的具体构建目标上，李健要求要让人才真正流动起来，打通人才流动的断点与障碍，要学习 Linked - in（领英）的运作方式，把内部人才市场做成公司内部的“领英”。

有了 CEO 的大力支持，哲涛开始考虑怎样打通部门间人才流动的障碍，只有政策与机制构建起来，才能从根本上解决这个问题。于是，他开展调研工作，收集不同部门业务主管、员工及 HR 的诉求，请他们分别回答以下问题：

- 你认为目前在内部人才流动中最大的问题或障碍是什么？
- 你认为应该在哪些范围内流动？
- 你认为符合哪些条件人才才能流动？
- 你认为人才流动的收益和风险有哪些？
- 你是否愿意流动到其他部门或城市？

调研结束后，哲涛拟定了一个方案，允许公司人员内部自由流动的“内部人才市场方案”，规定了内部人才流动的范围（部门、城市、职位）及资格条件，对一些核心部门和关键岗位设置了一些个性化的条件及审批流程（抬高流动的条件门槛或需特殊审批，确保核心业务不受影响）。

同时，方案还对如何发布职位、员工如何投递简历、如何面试与录用、多长时间工作交接与到新部门报到、部门归属关系如何切换等流程做了详细规定。

有了这些政策与流程，必须有 IT 系统支撑，哲涛又组织 IT 部门同事用了 3 个月时间开发出内部人才市场 IT 系统，有了政策、流程、IT 系统的保障，才真正把这项工作落实。

6. 以用为本，拓展人才地图的疆域

哲涛总听到业务部门抱怨人手不够，要求增加人员，但是企业拥有自有人才的成本是很高的，而且随着业务的波峰、波谷起伏，以及经济环境的不确定性变化，拥有自有人才会让企业背上“刚性成本”的包袱，缺少弹性与灵活的空间。这个问题一直盘旋在哲涛的脑海中挥之不去。

有一天，哲涛在用滴滴出行的时候获得一个启发，共享经济的到来，各种各样的资源与服务共享化，成本骤然降低，但我们享受到的服务质量反而提升了。

他进一步联想，在人才使用上，是否能参考这种共享化的思路降低人工成本，同时确保不降低甚至提高人才价值产出，这样人才供应渠道就会更开阔、更多样化。

于是，哲涛把这一思路作为一个议题，在公司经营管理例会上讨论，提出公司人才理念逐步从“以有为本”向“以用为本”的转变，开放性地积极用好外部人才、提升公司组织能力，同时从中长期的角度降低用工成本、降低拥有自有雇员的政策成本与风险。

会上高层领导很支持这个想法，大家认为公司要的是这些人的知识、技能、经验，而不是他的人本身，把他捆绑或约束在企

业组织之内。

我们可以根据公司内不同业务的特点，逐步使用外部人才，拓展人才地图的疆域，使非雇员成为人力资源计划的一部分。同时，我们要跨越企业身份、国籍、地域、专业、资历等的限制，只强调谁能提供本企业所需要的服务和价值，谁能为我所用。这样，就需要组织不断走向开放，用工模式要变得多样化、灵活化。

同时，我们对外部人才地图的盘点也不仅仅局限在其他竞争企业的雇员，还需进一步扩展到高校及科研单位、咨询服务公司、租赁公司及其他外部合作平台等，要对与公司业务相关的人才进行碎片化整合，将人才地图的疆域扩展到更大的范围。通过人才地图疆域的扩大，我们会发现庞大的非雇员群体，比如租赁人员、业务外包、顾问、实习生、自由职业者等。

我们不要对人才供应的范围“画地为牢”，要考虑多元化、差异化的人才供应方式，不仅要考虑人和企业的匹配、人和岗位的匹配，还要考虑人和用工形式的匹配，这才是劳动力的深度、多维匹配，要建立三线——“用工风险线、合规成本线、交易架构线”，实现企业与人才的多元化合作模式。

公司经营管理例会之后，哲涛着手建立公司对这些人员使用的政策、流程与工具，他请不同的事业部制定自己的人才使用策略、管理流程。

他特别强调，对于外部人才的使用，合规非常重要，要从端到端的流程视角看待与构建外部人才的使用管理流程，从需求提出、预算/编制管理、考核评估、入司、在岗管理（考勤、资产使用、IT 系统、考核、激励、培训等）、离岗管理……根据劳动法，有些环节公司不能参与，而有些环节公司是可以参与的，要对此做出清晰的界定，并给业务主管提供详细的指导与赋能。

7. 聚焦两极的人才， 形成前拉后推的力量

TD 集团总部开始倡导用好内部、外部人才“两只手”，但内部人才仍是最有力的“手”，是支撑公司核心业务发展的支柱力量，而内部人才就是自有人才，还需要不断从外部进行补充。

哲涛又开始思考：“以后，我们应该重点补充哪些层次的人才呢?”

哲涛现在思考问题比较倾向于“回到原点”，他想，真正能够驱动公司未来业务与战略的是哪些人才、我们的原动力是什么。如果这个问题搞清楚了，外部人才引进就有了方向，我们不能各个层级人才的都引进，因为各个层级（高层、中层、基层人员）都从外部引进，人才发展晋升的渠道都被堵塞了，外部人才的填充会在较大程度上阻碍内部人才的发展与晋升。

哲涛分析了公司的人才结构，发现中间层级的人才过于庞大，而高端人才短缺，优秀的年轻人才又不足，导致引领公司未来的能力，以及支撑未来创新的后劲不足。

于是，他提出公司要招聘业内最优秀的人才，并聚焦两极人才的策略，就是高端的领军人才及高校拔尖的学生，这样就形成一种合力。高端人才在前面拉着企业往前走，优秀学生在后面推

着企业往前走，这样中间的人自然会有压力，会不自觉地往前走。而毕业生如果表现优秀，晋升的速度也会比较快，能够快速补上中间人才的空缺。

因此，在外部人才招聘方面，我们不需要处处着力，而是把握“两极”重点，采用 Hunting（猎挖）+ Farming（应届生培养）相结合的策略。

同时，哲涛认为，人才策略不是一成不变的，要随着企业不同发展阶段的特点而调整，但至少要坚持几年，把企业所需的组织能力培养起来后再考虑新的人才策略。

8. 打造“工匠”型人才，提升专业纵深的能力

哲涛最近在看新闻的时候，看到李克强总理在两会上提到鼓励企业开展个性化定制、柔性化生产、培育精益求精的工匠精神，增品种、提品质、创品牌。这是政府工作报告里第一次提到“工匠精神”这个词。

哲涛对这个词很感兴趣，他想，总理所提的工匠精神，可能主要是针对制造业，但是对于企业的管理者与员工来说，所需要的“工匠精神”也许是一致的，就是对质量的追求。

那么，到底什么是真正的“工匠精神”，如何修炼成一个真正的匠人？他开始查阅有关的资料，并认真读了日本企业界经营四圣之一的稻盛和夫的《活法》一书。

《活法》中提出：在世界的某个地方，有一个被称为“智慧之井”的地方，无意间人们将“智慧之井”储存的“智慧”作为自己的新思路、灵感、创造力。稻盛和夫进而发现了“开辟智慧之井，释放无穷睿智”的秘方——“工作现场有神灵”。

工作现场有神灵就如同“理论联系实际”里的实际。任何问题和现象的发生都有其本质的原因，要找出发生问题和现象的原

因就要回到根本、回到现场，深入实际、深入现场，掌握业务的核心、规律与本质，这为每一家渴望成功的企业提供了持续开发智慧之井的可行之路。每个人心中都有自己的工作神灵。

稻盛和夫说："企业家要像工匠那样，手拿放大镜仔细观察产品，用耳朵静听产品的哭泣声。"简单的一句话，显露出匠心打造的非凡气度。在日本，工匠对工作从来都有一份难以割舍的情结，绝不会过一天算一天。在内心深处，他们将工作视为用一生去完成的天职，这种情结被视为"燃性"。

稻盛和夫曾这样解释"燃烧的斗魂"——"燃性"，是指对事物的热情。自燃性的人是指先对事物开始采取行动，将其活力和能量分给周围人的人；可燃性的人是指受到自燃性的人或其他已活跃起来的人的影响，能够活跃起来的人；不燃性的人是指即使能从周围受到影响也不为所动，反而打击周围人热情或意愿的人。

哲涛从稻盛和夫的经验中得到启发，"匠人精神"就是对工作执着、对所做的事情和生产的产品精益求精、精雕细琢的精神。我们需要在每个岗位上都发现有"匠人"精神的人才，并且发扬他们的做法，将其树立为榜样，激励更多这样的人才涌现。

于是，哲涛在公司内提倡设立"匠人"奖，可以部门推荐、员工自荐、其他人推荐等多种形式，并提供推荐或自荐的依据材料，然后在公司内投票，选出标杆人才。这在公司内形成了一种学习、研究"工匠精神"的风气。

最后，从获奖的人员中总结出一个规律，有"工匠精神"的员工会在专业纵深上走得比一般人远，并在平凡的工作岗位上给内、外部客户新体验。

在对公司层层推选出来50名“匠人”的表彰会上，哲涛讲了一个故事：

《中华手工》杂志曾邀请一群深入工艺领域的专家、学者、设计师，请他们谈一谈在这个工业化的时代，一个匠人应该具备的特质。总结出20个特质：

（1）独当一面。

（2）根据不同的需求进行新的创造。

（3）需要适度的职业化、商业化。

（4）做到专业与专心。

（5）对自己的手艺，要有超乎寻常甚至近乎神经质般的艺术追求。

（6）经营好自己的事业。

（7）对自己从事的行业充满敬畏感。

（8）一辈子只干一件事。

（9）只有经历磨难，才能造就命运。

（10）活在自己的世界里。

（11）将心比心。

（12）温故知新。

（13）精雕细琢，精益求精。

（14）有文化功底，有点绝活。

（15）不跟随潮流。

（16）不放弃，不改变初心。

（17）执着地坚持。

（18）认可自己的身份。

（19）靠手艺吃饭。

（20）不为五斗米折腰。

哲涛最后总结："诚然，每个人眼中都有不一样的世界，对匠的理解与认知也不一样。但是，通过他们的观点去认识匠、懂得匠，尊重匠，缩小与世界的差距，找回我们缺失的'工匠精神'。"

四、提供高质量的人才，成为企业发展引擎

1. 建立人才供应链

业务部门对人才补充的效率不满意，包括外部招聘与内部调配的效率，是业务主管与员工一直诟病的问题，一直困扰着哲涛。

哲涛看到制造业事业部的供应链效率很高，能够做到按时按质供应，他认为这是很了不起的事情，于是向供应链管理的部长陈新宇请教，希望能够把供应链管理的优秀实践应用到人才供应领域中。

陈新宇介绍：生产供应链领域之所以能够做到按需供应，主要在于供应链的计划。供应链的计划是有结构的数据，每周提交一次要货计划，每周会在上一周计划的基础上进行刷新，这是一种滚动的要货能力。

另外，供应链是有 SOP（Standard Operation Procedure，标准作业程序）与 SLA（Service - Level Agreement，服务等级协议）的计划。

陈新宇的介绍给了哲涛很大的启发，以往人才供应工作只是提出需求，没有制订计划，更没有定期审视与刷新计划，导致有些需求已经与实际情况发生了较大偏差，而 HR 没有与业务部门及时对标。

另外，人才供应的过程也缺乏标准的作业流程与承诺，以招聘为例，发布招聘信息、筛选简历、面试等沟通环节，都是人为安排，时间不可控；对何时交付招聘结果也没有承诺，没有承诺就没有约束，造成招聘周期的不可控。对于调配而言，流程上也存在一些断点，当有异常的调配案例发生时没有相应预案，需要多方咨询如何处理或进行特殊审批才能往下走，导致效率大为降低。

哲涛逐渐总结出一些思路，要打造人才供应链需要加强以下几个方面的工作。

（1）人才供应需求与计划的对齐：要求 HR 与业务部门每周对接一次人才供应计划，并澄清人才需求，同步双方的最新信息，达到信息对称。

（2）人才供应流程的标准化：招聘与调配都应该制定标准化的操作流程，每一步流程需要做哪些活动、每项活动所需的时间是多长，都要定义清楚，作为 SOP。

（3）人才供应周期的承诺：招聘与调配都需要有 SLA，明确什么时间交付成果；招聘上对不同层级的招聘岗位，分别设置不同的 SLA 要求，通过系统监控与提醒招聘交付时间。而对于调配的 SLA，要求确定调配安排后，由 HR 部门发出调配通知邮件，一个月内人员调配必须到位。系统会在 SLA 的不同阶段进行提醒或预警，对于超出 SLA 的情况需要通报并追溯超期原因。

哲涛和陈新宇沟通后，认为上述几项工作是短期内较容易落地的。他们还探讨了一些新的观点，可能在短期内不能实现，但是对于长期来说可以做出一定的探索：

- 人才供应链应借鉴产品供应链，把人标签化，比如人的技能、经验、素质、能力等，通过标准化的标签来识别。有了人的标签化，还需要把标签数据化，最终把人解析为“标签 + 数据”，而岗位也需要标签化、数据化，然后两者匹配。

- 人又是极难测量的，标签是需要不断刷新的，数据也是动态变化的。所以，只能做到人与岗位阶段性的匹配，让人在最佳的时机找到最合适的岗位。

- 人才供应链的前提是先有岗位需求，而互联网时代，有时是因人设岗，用人去驱动业务，人是极具创造力与爆发力的。不是看岗位需要什么人，而是看这个人最大的才能适合给他做什么。从这个角度看，人才供应链更适合成熟的业务，而新业务则应反其道而行之，就是“岗位供应链”，为“牛人”供应合适的岗位。

2. 渴求优秀人才， 坚守人才质量

哲涛最近在阅读《重新定义团队》一书，书中提到谷歌对招聘质量的坚持，给了他很大的启发。关于招聘，谷歌坚持“只聘用比你更优秀的人”的核心原则，具体有如下做法：

• 招聘是人力资源管理最重要的工作，优先将资源投入到招聘而非培训上。

• 宁缺毋滥，聘用在某些特定方面比你更优秀的人。

• 不要让经理独自做团队人员聘用决策，要让招聘成为每个人的工作。

• 要制定高质量的人才标准，客观评估应聘者，并给应聘者一个加入的理由。

哲涛很有感触，人才的质量会影响公司决策的质量、产品的质量、运营的质量，会进一步影响客户的满意度，对企业长远有着重大的影响。所以，企业要高度重视人才质量，持续提升人才质量，质量就是人才供应的生命线。作为 HR，要有对人才质量的坚守，对优秀人才的渴求，并想方设法获取最优秀的人才。

于是，哲涛与招聘团队分享自己的思考，并与他们讨论如何

才能不断提升招聘质量，供应最优秀的人才？如何用最好的人才匹配公司给予他们的最好机会？

经过团队讨论，他们认为提高与保证招聘质量的方法，最好是抓系统建设，包括面试官的能力、面试的流程、面试的标准。因此，他们提出几项待开展的工作：

（1）面试官能力提升计划，针对不同面试阶段的面试官的不同能力要求进行赋能。

（2）制定详细的面试标准，梳理不同岗位的素质模型，针对素质模型制定面试题库，提供面试指引。

（3）开展“可信赖面试官”计划，对面试官的招聘质量进行记录，定期回溯与评级，奖励优秀的面试官，淘汰不合格的面试官。

（4）设立“独立面试官”机制，就是与岗位无利害关系的面试官，对候选人提出独立客观的评价。

（5）多人面试、集体商议进行招聘决策，以便彼此交换对候选人的不同看法，更全面、更客观地做出招聘决策。

（6）在面试评估与决策中，要比较内外部人才情况，评价候选人的优秀程度及能给公司带来的价值。具体有如下评估问题：

- 从外部看，候选人是否是国内外这个领域最优秀的人才之一？你的判断依据是什么？
- 从内部看，候选人是否比目前内部该领域的人都要优秀？你的判断依据是什么？
- 候选人在以前的工作场景的成功，能否证明或推导出其在未来工作场景的成功？你的判断依据是什么？
- 你认为候选人的最核心优势是什么？
- 你认为候选人对公司的最大价值点在什么地方？

- 你认为候选人最短的“木板”是什么，是否会导致他在此工作环境下“夭折”？
- 基于上述问题，你认为应该录用他吗？录用什么岗位？

3. 让人才库成为外部招聘首选

这一天，招聘 COE 菲菲推荐一个候选人让哲涛面试，是猎头公司推荐的，已经通过业务部门的面试。哲涛看候选人的履历感觉很熟悉，于是他让招聘经理查一下公司的人才库，结果发现公司的人才库里也有这个人才，之前因为公司没有合适的岗位，对方薪酬期望偏高就暂时不考虑。

哲涛对菲菲说："做招聘工作最宝贵的是什么？就是日积月累的人才，这里耗费了多少 HR、业务主管的时间与心血，是价值连城的，真不应该就这样荒废在计算机文件夹里。"

菲菲听了惭愧不已，说不出话来。

哲涛看出菲菲的不自在，安慰她说："我不是责怪你，而是我们公司缺少人才库建设的机制，有必要把它建设起来，这对公司中长期招聘都是有益的。今年还有半年时间，我给你一个任务，就是把人才库建设起来，要在 IT 系统上实现。我们的目标是让 HR 接到招聘需求时，优先在我们的人才库里搜索，如果没有合适的人才才利用外部的招聘渠道。"

在接下来的半年中，菲菲除了日常招聘任务外，都投入到人才库建设中，包括人才库的架构、岗位的分类、人才的评级、人才如何入库、人才如何评级、如何激励招聘 HR 提供人才信息入库、如何区分同一人才的使用优先权与释放期等，这些场景都需要深入的研究解决方案，以及在 IT 上如何实现。

半年过后，TD 集团已经建立起人才库系统，不仅 HR 可以使用，还给参与招聘工作的业务主管与业务骨干开放了权限。有不少被录用的人才都是在人才库里找到的，大家感觉到人才库的价值。

菲菲为人才库建设做出了突出贡献，获得了年度优秀员工奖。

4. 场景化能力：招聘的精确制导武器

哲涛参与了几场 HRBP 及业务主管的面试，并仔细倾听了他们对候选人的讨论，也看了他们的面试评价意见，他发现了一个问题：就是在面试时只关注几项通用能力，“蜻蜓点水”地进行提问，最多加上一两个 STAR 面试；评论候选人时也是谈论他们的学习能力如何、沟通能力如何、组织协调能力如何、影响力如何、领导力如何等；面试意见大同小异，即用在这个人身上也可以，用在另一个人身上也可以。

哲涛认为，这是目前招聘工作的通病，就是招聘过程缺少基于岗位的特点，关注只在这个岗位上出现的个性化的素质与能力要求。因为每个岗位都是独一无二的，其对人才的需求主要是在某些特定工作场景中所需要的能力项，即使是同一能力项，其能力水平要求也是不一样的。因此，我们要考察的能力项应该是个性化的。

要体现“场景化的能力要求”，哲涛脑子里冒出这个新名词，这是他独创的概念，但他认为这很贴切地反映了招聘的真正需求，打破了以往招聘的常规，在以往招聘能力评估的基础上往前走了一步，或更深挖了一层。

什么是“场景化的能力要求”，用“领导力”来举例，在有些岗位上，从事的是项目型工作，工作成员都是高端专家，这时需要的是一种专业的、亲和型的领导力，能把这些高端人才黏合在一起，发挥团队的力量。有的岗位需要的是在突发情况下、众人都不知所措时，有人保持冷静的头脑、有过人的勇气，在困境或危境中爆发出来的力挽狂澜的领导力；还有的岗位是面对毫无激情的消极、被动团队，需要一种“强制性 + 鼓动性”的领导力……因此，不要用单纯能力要素来定义，而是以在哪些场景下、有什么样的行为、达成什么结果来衡量人。这将是招聘面试的精确制导武器。

如果候选人应聘的岗位存在若干个场景的组合，还需要从每个场景中抽取出独特的场景化能力，形成“场景化能力”的组合，并把这种能力要求贯穿在面试及评估过程中。

5. HRD 要参与高端人才的寻源与融入

每年 TD 集团都会制订高端人才招聘计划，并且给每个事业部制订计划，这是在各事业部根据未来事业部业务战略发展的基础上，各部门上报然后公司审核后确定的。目的在于引进高端人才补充公司的能力短板，特别是引进行业明白人，在一些新的领域引领公司开拓新的业务领域，打开“人才金字塔”的顶端，引进先进的业界思想、专业人才，更新公司的商业思想与商业模式。

公司内专门成立了高端人才招聘的项目组，分布在总部各关键部门及各事业部。其中，哲涛是组长，每年哲涛要向 CEO 专项汇报高端人才招聘的工作。但是经过一段时间的实践，哲涛发现高端招聘中还存在不少问题，效果不明显，他也存在一定的困惑。

最近，哲涛与招聘 COE 菲菲一起向 CEO 李健汇报高端人才的招聘进展情况，李健问了哲涛是怎样对高端人才招聘进行管理的。

哲涛说：“把任务发给各事业部的招聘 HR，由他们进行招聘落实，虽然集团每个月都通报招聘进展，并且召开例会进行推动，但进展不理想。”

“这项工作你只是落到了事业部招聘 HR 头上?”李健带有一点点责备的语气，“那说明公司对高端人才招聘的工作重视不够。”

李健停顿了片刻说：“我认为事业部‘一把手’首先要承担起高端人才招聘的责任，并且实际参与到这项工作中。‘一把手’重视和参与是高端人才引进目标得以完成的保证。”

哲涛深以为然，点点头表示赞同李健的观点，李健对他说：“你作为集团 HRD 也要承担起相应的责任，要亲自参与一两个高端人才的寻源、面试过程。不仅是你，每个事业部的总经理也要承担这样的责任，你们以后开例会时，先要看你们在高端人才招聘中完成了哪些工作。”

“你们不仅要参与高端人才的招聘，还要跟进这些高端人才进入企业后的组织融入工作，点对点地跟进，定时和自己对口的已入职高端人才聊天，看看他们的适应情况，有没有需要帮助的地方。HRD 和事业部总经理亲自关心，这样他们就会有归属感，也会感到公司对他们的重视。”

李健端起茶杯喝了几口茶，清了清嗓子，似乎也让哲涛消化一下他的话：“我对 HRD 和事业部总经理的要求是不能仅仅当教练，还要自己亲自下场当一当运动员，这样你才会有感觉，才能号召和鼓动其他人参与进来。HRD 和事业部总经理要有身先士卒的精神。”

“你们下面不是有很多 HRBP 吗？这些 HRBP 也要直接参与中高端人才的寻源、面试与组织融入。要求你做到的，也同样要求 HRBP 去做，这样才能上下同欲，赢得胜利。”

哲涛说：“是啊，HRBP 相当于我们的触角，相当于我们在一线的抓手，我们想做的事情一定要能在一线找得到落地的组织或角色。”

李健接过话头：“你还要考虑如何落地的问题。”

哲涛在此想法上进一步延伸：“我想到一个方法，建立一个 HRBP 参与高端人才招聘与融入工作的‘勾勾表’，就是在不同环节要完成哪些关键动作，比如与业务主管沟通岗位需求、制定职位说明书、与招聘岗位相关的人员沟通岗位的胜任能力要求、招聘实施与进度监控、推动 Offer 方案的确定、新员工入职准备、组织新员工与主管沟通、阶段性了解新员工适应岗位情况等，HRBP 要重点把高端人才的端到端招聘与融入工作做到位。”

李健边听边点头：“这个‘勾勾表’要和一线的 HRBP 充分讨论，确保可执行、可衡量，能真正对高端人才的招聘与融入工作有实效。HRBP 要做好定位，在高端人才招聘阶段，HRBP 是推进器，而在高端人才的融入阶段，HRBP 是润滑剂。”

6. 建设人才猎挖特种部队，发展远程投放能力

除了招聘面试的能力外，哲涛发现公司 HRBP 严重缺乏人才寻源的能力，往往是被动等待人才应聘，或者在招聘网站上搜索人才，要不就是依赖猎头。

随着公司的不断发展，仅靠本城市或周边城市的人才资源，已经明显不能满足公司人才要求。很多优秀的候选人都在异地，通过电话或视频沟通效果不佳，对人才考察的全面性、深度都很有限，而且不少候选人不愿意亲自到异地来面试，很容易使企业错过一些优秀人才资源。

哲涛平时也有留意一些军事方面的信息，认为军队的一些做法可以借鉴到企业管理中。他对空降兵特别感兴趣，特意了解了中国空降兵发展的一些情况：

空降兵是一个处于陆军和空军结合部的兵种，它以空军的运载工具、空军的行动空间和空军的飞行速度，遂行陆军地面军事行动任务。他的优势集中体现在跨越、速度、突然性和瞬间爆发力这些关键要素之上。在中国人民解放军序列之中，空降兵具有全域机动、隐蔽快速、远程直达，非线式作战、精准打击等特

点，十分有利于国家在和平年代复杂的内外安全形势中，实现静态威慑与动态出击的有机结合，从而把握斗争的主动权，营造有利于己方的安全态势。

尤其是对中国这样一个幅员辽阔、人口众多、差异巨大，以及领土、边界、海洋权益纠纷不断的陆海复合型大国来说更是如此。大国的安全实践证明，一支强大的空中突击力量不但可以作为国家战略重拳，而且是塑造形势、慑止战争的重要力量。特别是传统战争中逐步升级、大规模毁伤、无休止缠斗、不获全胜决不罢休的作战方式，日益转化为在有限时间和有限空间，采取有限手段、实现有限目标的全新军事斗争方式。过去的大吃小——以兵力、火力、装备的全面优势战胜对手——正在变成今天的“快吃慢”——在有限的时空条件下以快速反应、快速输送、快速行动，用快速果敢的战役战术行动达成战略目的——成为 21 世纪维护国家安全的关键军事能力。正因如此，地面力量的空中突击化已成为发达国家军事力量发展的普遍和主要趋势。

哲涛从空降兵的介绍得到启发，并思考怎样建立一支人才猎挖团队，能像空降兵一样远程投放到人才聚集之处，定点突破人才招聘任务。他认为高端人才猎挖就如同特种部队，能够在特定时间，快速投放到特定地点，以特殊的技能完成特殊的任务。

哲涛开始着手组建 TD 集团的高端猎挖团队，借鉴五大国际领先猎头的经验，在需求澄清、目标人群锁定、陌生拜访、建立连接、深度沟通、甄选评价、薪酬谈判、背景调查、人际关系圈构建、人才库建设等核心技能上进行“魔鬼式训练”，锤炼出 TD 集团第一批出炉的 8 人猎挖队伍。

在这个过程中，团队成员经历了非常规的训练，比如，在接到业务部门高端岗位需求后，需要先与业务主管沟通至少 1 个小时以上，然后进入业务部门工作一个星期，以深入了解未来该岗位的工作环境、工作任务，特别是深度了解该岗位的挑战及所需的场景化的能力要求。

在目标人群锁定方面，要求不断精确锁定。比如，一位猎手对人工智能高端岗位，锁定了几家具有潜质的新兴初创型公司，发现这些地方是人才“卧虎藏龙”之地，可以专门去突破。

这是一支以集中式组建与训练的特种部队，针对专门的招聘任务，分出一个针对该任务的猎挖专项项目组，以项目运作的方式完成任务。这个团队担负着完成猎挖任务的目标，规划总任务并分解子任务，规划资源并整合所需资源，开展人才寻源、筛选、先期电话或视频沟通、预约人才，并在特定时间“投放”到既定地点，以特殊的方式预约、“拦截”人才、滚动推荐，面试甄选、薪酬谈判并呼唤炮火支持（如高层领导面试与决策），直至完成招聘任务。

经过几次“小试牛刀”后，TD 集团在两个月内为人工智能事业部猎挖了四名高端人才，为该事业部的业务迅速开展奠定了基础，并得到了李健的认可，认为这是 HR 部门年度最具价值的工作。

7. 如何面对从“牛人”到“候选人”的转变

一天哲涛刚走出电梯，碰到设计部总监卢健正在送一位文质彬彬的客人，卢健显得很热情甚至有点恭敬。哲涛有些奇怪，问卢健这个人是谁。卢健说：“这是房地产设计界的‘牛人’，国内很多超高层高端写字楼都出自他之手，每一个作品都是经典。”

哲涛拍拍卢健的肩膀：“应该的，对优秀人才应该要尊敬，这才是爱才的态度。怎么样，他对我们公司有意向吗?”

卢健摇摇头：“哎，难说。他是个真正的‘牛人’，主动权在他，很多企业想挖他，在设计领域像他这样的人才屈指可数，我们也是尽量吸引他过来。”

哲涛也感慨：“以前是买方市场，企业比较牛，现在似乎有了转变，逐渐变成卖方市场了，人才比企业更牛，企业都要求这些‘牛人’加盟。”

其实不仅是高端人才，还包括中端、低端人才，我听过一句话‘只有找不到人才的企业，没有找不到工作的人才’。举目望去，我们身边找工作的人似乎都找到了工作，且无论工作的好坏，但是满眼看到企业在叫喊找不到合适的人。这说明我们已进入一个劳动力短缺的时代，实现了从买方到卖方市场的转变。”

卢健说：“这么看来，这是很重要的变化，让我们一起讨论一下应该怎么做才能应对这种变化。当然，我们还是从高端人才说起吧。”

两人边聊边走到哲涛的办公室，哲涛给卢健沏了一杯碧螺春：“这是今年的新茶，您尝尝。我请我们部门的招聘 COE 菲菲一起聊聊，我们最近讨论的对高端人才的吸引方案，其实已经在一些部门实践了，如果觉得这些方法好，也可以用。”

菲菲端着笔记本电脑走进办公室，她今天束着头发，一身黑白职业装，还化了淡妆，显得气质如兰、干练得体，薄唇未启已透露出几分专业的气息。

哲涛示意菲菲坐下，让她用笔记本电脑接上自己办公室的液晶显示器，这是他平时远程开会用的设备，平时与全国各地远程会议沟通十分方便。

菲菲讲解：“其实我们今年年初就专门开会分析过高端人才的特点，他们最看重的是自己的价值能不能有发挥的平台，当自己发挥了价值之后有没有得到相应的回报。对企业来说，设立某个高端职位目的就是希望高端人才给企业带来某些特定的价值，你能给我创造什么价值，我就给你相应的回报，以价值作为高端人才招聘的牵引点。”

哲涛补充道：“高端人才有着特殊性，有着更高的市场价值，资源更为稀缺，对我们内部来说可获取性更低。所以，我们的招聘理念也要有所变化，以往我们经常说招人，而对高端人才来说用请人更合适一些。招人的时候你的手心是向下的，你可以想象一下召唤其他人的样子，代表着一种控制与居高临下的姿态，把自己置于强势的一方；而请人时手心是向上的，代表着平等与谦逊。所以，我经常向 HR 团队与主管提议，把招人转换到请人的理念上，要给人才更多的尊重，我们是请他们过来的，不是招他们来的。两个词从字面上是微小的区别，但内涵有着很大的不同。”

卢健拍了一下大腿：“这个比喻很妙，内涵深刻，确实如此，一字之差，理念却相差甚远。我在招（不，是请）这个设计总监的时候就有这种感觉，我要想尽办法请他到我们公司来。”

菲菲点点头：“所以，我们采取了一系列措施体现我们是在请才。”接着，菲菲列举了以下几点转变。

- 从推到拉的转变：以前我们与候选人沟通总是不断地“Push”我们公司的信息给对方，不管对方需不需要、喜不喜欢听这些信息，只是一味地全方位信息轰炸与传递。现在我们要从“Push”转变为“Pull”，就是从对方的角度出发，看候选人想听什么，需要什么就重点呈现什么，更关注候选人的关注点。这其实是在做减法的过程。”

- 面试的时候，准确地说是“双向沟通”，从“我问你说”到“你问我说”的转变。以前我们总是一开始就不断问候选人问题，让候选人不胜其烦，结果企业方问了一大堆问题，最后才象征性地问候选人还有什么问题。这是典型的“以我为主”的思想，只考虑自身的需求而忽略人才的诉求，但这时候高端候选人也许心里已很“不爽”，并在心里给企业投了“否决票”。所以，我们可以反其道而行之，先是请高端候选人提问题，企业方先回答候选人关心的问题，并主动介绍企业的情况。这样会让候选人有一种被尊重感，对企业产生好感，从而更愿意主动介绍自身情况。经过“你问我说”的铺垫后，企业再进入“我问你说”，高端候选人会更乐意进行表达与自我呈现。

- 从高层到基层面试，开辟绿色通道。以往我们面试候选人，都是 HR 先面试，或进行笔试，然后业务部门骨干或部门主管面试，最后再推荐到高层面试。候选人往往要来企业好几次才能见到企业高层，也就是录用决策者，这样的“冲卡”过程，会给候选人不好的心理体验。首先，前面几轮面试的面试官，可能与候选人的层次有一定差距，导致候选人觉得这种沟通有浪费时间之嫌；其次，这种“车轮战”会逐步消磨候选人的耐心和兴趣，对于时间非常宝贵的候选人来说，是种消耗不起的时间投入或浪费，所以可能还没等到和高层管理者沟通，候选人已经决定放弃，或者由于 HR 或业务主管缺乏必要的高度而否决不该否决的优秀候选人。

• 其实，这些高端候选人，特别是一些行业“牛人”，已经被行业实践反复证明或验证过其基本资质或实力。所以，没必要像普通候选人那样从头开始验证其专业能力，至少不要在一开始的时候。应该在一开始先俘获对方的“芳心”，成为对方心仪的对象。这样，后续你再与候选人沟通一些细节，包括专业水平的确认等，可以请中基层干部进行更多的沟通，相信这些候选人也不会拒绝。

• 让候选人先尝到甜头：候选人跳槽是有成本的，而且往往是动力不够，特别是对于那些目前在职工作还不错的人员，往往决心不坚定、瞻前顾后，想与外部机会“触一下电”，但又不能完全下定决心离开现在的企业，这使企业难以把握其意向。在其摇摆不定中，企业一气之下放弃了候选人，或者候选人没坚持到最后。所以，企业有必要给候选人加“一把火”，或者在他在“墙头摇摆时推他一把”，让他毫无顾忌地“跳下去”。这就很讲究技巧，有一个诀窍就是让候选人先尝到甜头，比如给候选人较为丰厚的签字费，作为其离开原公司的短期损失与心理补偿。签字费的支付可以分 2 ~ 3 次支付，入职时支付一次，转正时支付一次（或转正时、入职满一年时分别支付一次）。这个签字费起到的是“撒手锏”的作用，不是每个候选人都用，只是作为一种特殊场景下的特殊手段。当然，除了签字费外，薪酬也要有足够的吸引力，比如，我们对不同价值、稀缺性不同的候选人，有着差异化的定薪策略，分别从提升薪酬 0 ~ 100%，可以根据需要进行弹性化定制，当然需要有充分的依据说明候选人有多“牛”。

• 人才融入的全流程衔接：从与候选人接触的那一刻开始，候选人其实已经进入与组织融入的过程，只不过这种融入由于各种情况可能会戛然而止，而很多时候是企业没有很好地设计与落实好融入的相关工作。候选人与企业情感连接尚不紧密，或自己付出的沉淀成本不大的时候很容易放弃。随着时间的推移，他们放弃的可能性越来越小。所以，我们应该为优秀的候选人融入企业“保驾护航”，从“接到”候选人的那一刻开始，一直到候选人能否自己“航行”，并确认不会倾覆为止。这个过程应贯穿候选人与企业接触的整个过程，并且延续到其入职一年后。虽然业界把这个周期仅仅界定为试用期，但是远远不够。这种 VIP 式的护驾待遇会让候选人决定加入我们企业而非其他企业，也是我们留住优秀候选人的“独门秘籍”。

听完菲菲的介绍，卢健竖起了大拇指：“太棒了，你说的这几点举措都非常有操作性，相信能够让候选人感受到我们对人才的尊重、重视与诚意，让我们甩开竞争对手几条街。我这次招聘设计总监的职位就要尝试用这个方法。”

8. 我们拿什么来吸引优秀学生

又到了校园招聘的季节，哲涛在TD集团于上海某知名大学的面试现场，与一些面试官、学生进行沟通，了解目前应届生的思想与偏好情况，把握校园招聘的新趋势。

不少面试官向哲涛反馈，他们在面试时发现现在的毕业生和以前的不一样，他们对公司的实力、市场地位，甚至薪酬都不那么“感冒”，似乎有了更为多元化的追求。另外，公司的签约率也比往年有所下降，只有60%左右，往年可以达到75%左右。

于是，哲涛组织了小规模的大学生需求调研，并参考一些专门做大学生群体调查的公司的数据报告，发现学生现在越来看重以下几个方面：

- 明确的职业提升路径。
- 未来职业生涯的良好发展。
- 个人兴趣融入工作。
- 良好的工作环境，有创造力、有活力的工作环境。
- 专业培训与发展。

另外，哲涛发现学生越发重视软环境，人际关系与文化所占的比重越来越大，团队协作方式也有较大幅度的提升，工作地点、工作时间的灵活性是新出现的大学生关注因素，同时薪酬福利的位次下降了不少。

由此，哲涛和校园招聘团队讨论，要围绕学生的关注点打造公司对优秀大学生的核心吸引点，在核心吸引点上重点投入与改进，建立公司的雇主品牌。另外，要对标杆企业，发现短板，竞争对手比我们好的要弥补，并拉大与竞争对手的差距。

五、激发人才内在热情，给企业注入生命力

1. 要有对人的热情

当哲涛晋升为 HRD，他的老领导徐亮从 HRD 岗位晋升为副总裁后，哲涛去拜访徐亮，徐亮看上去很忙碌，显然已经投入到新岗位中，眉宇间掩饰不住晋升新岗位的喜悦畅快心情。

看到哲涛，徐亮拍拍他的肩膀：“兄弟，好好干，接好我的班。”

哲涛说：“我还要向你请教，怎样才能胜任 HRD 的角色。带好 HR 团队，首先要做好哪几件事情。”

徐亮说：“做了这么多年人力资源工作，我深深感觉到，作为 HRD，首先要有对人的热情，要真正对人感兴趣、对人敏感，要关注人、关心人，愿意与人沟通，愿意了解人、帮助人，懂得去爱人。”

“做 HR 最难的是如何真实评价人的素质、能力、经验、业绩，只有真正贴近业务，走进实际的业务场景中，你才有机会看到真实的情况、听到真实的声音、收集真实的信息。特别要提醒你的是，不要道听途说或只看文字上对人的评价，要直接贴近干部和员工去了解他们。”

“做 HR 最怕的就是对人的漠视，只是坐在计算机前做文章，而不是真正与人沟通。建议你要求 HR 团队的每个人要有 50% 以上的时间与人沟通，优先当面沟通，其次电话沟通，最后邮件沟通。

“HR 要让业务主管与员工感受 HR 身上的热量，给人以积极正面的能量，不仅能‘自燃’，而且还能‘燃烧他人’。”

2. 树立改变世界的愿景与使命， 建立核心价值观

TD 集团成立 20 多年，随着内外部环境的变化，李健觉得公司的企业文化需要与时俱进，做出升级优化，他请哲涛牵头组织此项工作。

哲涛在分析了众多世界知名企业的愿景与使命时，发现他们树立的是改变世界、造福人类的愿景与使命，给人无限的向往与追求的动力。

- Google 的愿景：整合全球信息，使人人皆可访问并从中受益。
- IBM 公司使命：无论是一小步还是一大步，都要带动人类的进步。
- 通用电气（GE）愿景：使世界更光明。
- 通用电气使命：以科技及创新改善生活品质。
- 苹果公司使命：让每个人拥有一台计算机。
- 迪士尼公司使命：让人们过得快活。
- 华为公司愿景：丰富人们的沟通和生活。
- 阿里巴巴使命：让天下没有难做的生意。

而 TD 集团的愿景与使命还是停留在商业性的目标上，比如

要成为行业领导者、世界五百强等。虽然只是一句话的差异，但决定了企业存在的意义与追求，以及员工工作的方向、动力问题，员工更容易为那些非功利的、能够对改变世界产生更大影响的目标而振奋并生出自豪感。企业的愿景、使命代表企业为什么而存在，它的意义大于企业产品的意义。

由此，哲涛考虑要为 TD 集团建立一种非商业性的、长远的愿景与使命，以便牵引 TD 集团员工获得更为深远的意义、更为长久的动力。

而核心价值观则是企业倡导怎样的思想、行为，是为企业愿景与使命服务的，更接地气的。哲涛认为，TD 集团需要提炼出符合人性的，能够为企业愿景实现与商业目标实现的行为指引，这是企业雇主品牌建设的重要部分。

哲涛还发现，在雇主品牌的目标传播对象中，每个人都是多种角色的组合，比如，你的传播对象可能是企业的员工或潜在员工，或者是你的客户、消费者，也可能是市民等多种角色，他们可能是一个整合的个体。

所以，企业在传播自身的愿景、使命与核心价值观的时候，要把目标传播对象当作一个多元的角色综合体来进行传播，对其可能有着多重诉求，而目标传播对象也会把企业的品牌传递给身边的人。

考虑到这些因素，哲涛对企业文化的沟通已经有了方向指引，他开始着手进行内部调研，结合外部的洞察，结合两者来构建具体企业文化的内容，从而朝着建立愿景型组织的目标前进。

3. 识别团队温度，及时“Warm Up”

一个冬日的午后，在和煦的阳光下，哲涛到医药事业部开会，他感受到事业部的员工士气很低落、毫无生气。他觉得很奇怪，在这么明媚的天气里，为什么员工会呈现这样的工作状态，一定是组织内部发生了什么事情。

开完会后，哲涛来到医药事业部 HRBP 依芸的办公桌前，看到她全神贯注地看着计算机屏幕，哲涛轻轻地喊了一声依芸，看到她没反应，然后抬高了音量，依芸才猛地反应过来，急忙站起来：“领导，你来啦？”

哲涛点点头说：“要不我们去外面的小花园走一走？”

他们俩并肩走在花园里，感觉到天气如此之好，哲涛问依芸：“你有没有感觉到事业部的员工正处于‘低温’状态，就是士气很低落。”

依芸说自己也有这个感觉，但自己对这个不是很敏感，可能是最近事业部经营业绩不好的原因吧，这也很正常。具体情况不是很了解，因为自己工作太忙，顾不上深入思考。

哲涛说：“团队士气非常重要，你需要时刻保持敏感度，‘春江水暖鸭先知’，团队氛围好不好，HRBP 要应该首先感知到，并采取措施使其‘升温’，最重要的是要持续去“Warming Up”。

“一人可扛鼎，百人可攻城。团队最怕的是士气低落，会使组织或团队的一切行为效果都打折扣，这是很可怕的。HRBP 需要想办法维持、提升团队气氛。具体措施是多种多样的，可能是细小的员工关怀，也可能是激励的措施等。”

依芸意识到了这件事情的重要性，“原来团队士气这么重要。好的，我会找一些主管和员工沟通，深入了解情况后做一个团队士气提升的方案，然后在这个月的事业部管理团队会议上讨论，争取马上推动落地实施，尽快把士气提升上来。”

“是的，你要迅速终止这种组织氛围的下行循环，当企业、管理者与员工的矛盾激化，HR 就会成为员工怨气的出口。而企业内部管理层、HR、员工之间不信任的种子一旦种下，在缺乏沟通和协调机制的土壤里便生根发芽，造成的后果是双方都为更坏的情况设置预案，下行循环由此开始。”哲涛有点儿严肃地说，“但需要注意的是，团队士气的管理不是临时抱佛脚的事情，而是需要细水长流，做好平时的功课。”

“这就是我们通常所说的建立长效机制吧？”依芸马上接上来。

“不错，就是要建立长效机制，但前提是你要通过正确的方法，找到组织氛围不良的根本原因所在，从而采取有针对性的举措去改善它。”

接着，哲涛介绍了组织氛围诊断要考虑的几个方面：

- 组织氛围的框架、假设、原则是什么？
- 组织氛围问题最常见的根本原因是什么？
- 采取哪些方式诊断及衡量组织氛围？
- 采取哪些方式改善组织氛围？

“切实改进组织氛围很难，很多时候组织氛围方面的问题都是组织运作不良的直接后果，只有真正解决组织运作问题才能提升组织氛围。”

“嗯，我会按照这个方法论进行分析及指导后面组织氛围提升的行动的。”依芸表现得很有信心。

“很好，我看你信心很足，希望你在落实的过程中一直保持这种信心，相信你可以做好的，下次来我要看你工作的成果。”哲涛笑着说。

4. 构建企业内外人才生态

依芸在医药事业部开展组织氛围建设活动后，医药事业部员工的工作状态已逐渐回升，组织温度也逐渐变暖。但她也发现了更深层次的问题，就是医药事业部的口碑不好，所谓的雇主品牌有问题。不仅内部员工对事业部诸多怨言，连供应商、外部合作机构都对事业部的管理和氛围不佳有所耳闻而存在差评，甚至在一定程度上影响了 TD 集团的雇主品牌。

这个问题激发了依芸的深入思考，如何打造让内、外部都有很好口碑的雇主品牌，这样对于我们吸引外部人才、留住内部优秀员工都是有利的。

一个周末的清晨，依芸到家附近的湖边跑步。她突然看到湖心小岛上停留着很多白色的水鸟，它们时而飞起掠过湖面，时而呼朋引伴飞出去，时而飞回来停在树梢，一片生机勃勃的样子。这个景象让依芸觉得特别和谐美好，也许这就是良好生态环境的作用。

依芸想，企业是否也可以构建一个良好的生态环境，让内、外部能够处于一种良性的能量、信息、情感流动，保持人才的旺盛活力呢？其实，这就是公司与相关利益方的良性互动关系，一种基于相互了解、信任的积极能量的流动，企业的声誉、雇主品牌也由此而生。

雇主品牌可以借鉴产品品牌的建设思路，产品品牌的本质是产品质量获得客户的信赖，它是时时处处都在强化的，也可能由于一件关键事情而被破坏。而雇主品牌则是企业管理团队带给正式雇员与潜在雇员的一种信任，首先，我们要脚踏实地做好内部管理工作，以实际行动带给雇员良好的体验，甚至创造感动的时刻，进而把这种体验管理延伸与扩展到非雇员群体。这种体验管理是时时处处都可以做、通过点点滴滴积累的，比如与应聘者接触的每一刻，小至一声问候、一封邮件。

千里之行始于足下。想到这里，依芸决定做一个内部员工与外部应聘者体验管理的方案，把与这两者接触的每一个关键点进行基于关怀的设计，创造一个个感动时刻。她想，也许开始显得刻意一些，有设计的痕迹，但慢慢就变成一种习惯、一件自然而然的事情。

5. 让信息穿透到下一层组织

TD集团规模比较大，在全国分为八大片区，下辖30多个办事处，总部发的各项政策都是通过片区来传递的，政策的时效性、传递准确性都受到一定的影响。总部的人经常觉得办事处人员能力很弱，连最基础的政策都没掌握，专业技能也很薄弱，而一线部门的能力局限直接制约了组织的能力发挥。

哲涛也发现了这个问题，他想HR要从构建与提升组织能力的维度去考虑，如何使组织变得更加敏捷、更灵活以应对商业环境的变化？目前的一层层往下传递到组织的运作方式似乎已经不能适应时代发展的步伐，难以应对互联网时代的要求，以及市场的快速变化。

于是，他与CEO李健沟通此事，两者一拍即合，认为有必要突破这个组织能力的障碍。李健说："传统的管理理论、组织运行方式在互联网时代必然会受到冲击，我们也不应固守原来的管理理论，比如，组织要遵循逐层管理、信息逐层传递的传统做法，需要应时代变化有所变通。有的工作比较刚性，如员工的晋升、调薪、任命等正式的业务流程，就不能随意突破流程，而那些信息传递、培训赋能、对一线问题的响应与解决，却可以突破组织障碍，进行跨层传递。我们的目的是从业务一线的需求出发，帮助一线快速提升能力，并快速解决问题。”

“这样既保持了组织核心业务流程的稳定性，又提升了组织的灵活性与进化性，让能力、经验能够得到快速的传递与复制，使组织的身躯更为灵活。”

哲涛看到自己的想法得到领导的支持，内心按捺不住成就感，他说：“是不是我们马上就在公司内推行这样的做法？”

李健摆摆手：“推行新的做法不能这么着急，要先进行试点，可以先从 HR 领域试点，试点成功了再推广到其他业务领域。因为 HR 业务领域属于职能管理领域，相对来说，影响不会那么大，一旦推广到业务领域，影响就比较大，会造成公司经营层面的波动。”

哲涛点点头，说：“是的，我考虑通过从上而下、从下而上两个方面来梳理一下哪些事情可以从总部传达到办事处，以及哪些事情可以从办事处直接上传到总部，从上而下就是从总部的视角去看，哪些事情可以传达到办事处。我认为这种传达不是单一的传递，而是复合的传递，就是传达到办事处的同事，也同步传递到片区，片区可以进一步向办事处传达细化的要求，这样就起到信息高效传递与双向强化的作用。”

后来经过系统梳理，公司形成信息传达的原则如下。

从上往下的信息透传（总部可同步传递到片区及办事处）为：

- 公司的政策文件，而这些政策是办事处需要知悉并执行的。
- 培训赋能信息，除了片区同事参加外，也欢迎或邀请办事处同事参加；有的是同时面对片区和办事处，可以资源最大化利用，以免重复开展培训活动。

• 公司重要会议的结论，如公司人力资源会议，会将重要的会议结论（去掉部分敏感信息或只能小范围发布的信息）同时发送片区 HRD 及办事处 HRD。

从下往上的信息传递范围为（办事处可同步传递到总部及片区）：

• 办事处重点工作的进展与求助。

• 办事处需要总部与片区资源支持的事宜，或者只有总部才能解答或解决的事情。

• 办事处对片区及总部的投诉可以直接发给片区与总部，以形成约束监督的机制，如绩效管理等投诉。

6. 让员工学会自我净化与激发

房地产事业部 HRBP 文盛向哲涛诉苦，最近事业部员工的工作压力很大，有的病倒了，情况堪忧。他正在想办法做员工的心理辅导工作，也开始动员业务主管去做。

但毕竟业务主管人数不多，而且日常工作也非常忙，覆盖不了房地产事业部庞大的员工队伍，很难确保每一位有需要的员工都能沟通到并疏导好其情绪。这让他很头疼。

哲涛在这方面很有心得，因为以前他做 HRBP 的时候也经常遇到这种情况。他对文盛说："关注员工心理状态，给予必要的沟通疏导是需要的，但这只能治标、不能治本。关键是教会员工进行自我压力疏导、自我'净化'、自我激发。公司可以提供一些资源、方法与帮助，提倡和鼓励他们去释放压力，但很多事情是难以代替他们去做的。"

文盛听了觉得有道理，开始考虑如何帮助员工提升这种自我净化、自我激发的能力。

经过几天的思考，以及和业务主管交流，文盛提出了一些很好的点子。

- 提倡每位员工每两个月完成"五个一"：认识一个新朋友

或新同事、看一本书、看一场电影（或听一场音乐会）、参加一次长跑或徒步、到一个新的地方旅游。

- 为员工申请附近健身房的健身卡，员工中午休息或下班后可以去健身，以公司的名义记账，按人次收费。
- 在办公区开阔的地方，摆设了若干张乒乓球桌，员工可以在业余时间锻炼，劳逸结合。
- 邀请外面的老师讲授相关的压力释放课程，并采购外部心理辅导的服务，员工有需要可以向外部心理咨询师进行咨询。
- 鼓励员工在工作时间内完成工作，尽量少加班。
- 给每个部门分配一定的团队活动经费，部门可以组织团队活动，如爬山。

经过多管齐下的措施，文盛看到员工的状态在发生积极的改变，越来越有正能量，工作的绩效也明显提升。

他感受到这种自内而外的自我激发、净化的作用，原来每个人都是一个小小的太阳，内部在不断发生核聚变，要自我能发出阳光与热量，自我温暖、自我激励、自我驱动。

7. 员工真正投入工作了吗

文盛还发现部分员工虽然没有严重的情绪异常情况，但日常工作表现得很懒散，他就和几个关系比较好的员工了解他们的真实感受。这些员工表示，很多都是不增值的工作，自己完全沦为“表哥表妹”（整天处理表格的人）、“查数姑”（茶树菇的谐音）。还有的员工反馈现在的工作缺乏挑战性，有些只是操作性的工作，根本无法发挥自己的优势和特长，个人能力也得不到提升，就好像“温水煮青蛙”，感觉不到工作的意义，工作中找不到兴奋点。

经过进一步了解与分析原因，主要是公司大了，大家把越来越多的精力用于内部规范的工作，把大量的时间用在内部系统的打造与完善上，而员工没有感觉到外部市场的压力，所以质疑这些内部“精雕细琢”的工作有没有意义，有没有产生价值。甚至有些级别比较高的员工也在做一些 Paper Work，成为一个“高级文员”，用高端的人做着低端的事情，也造成了人力的浪费。

如何提升员工的工作投入度，成为摆在文盛面前急需解决的问题，他又找到哲涛，请他指点该如何做。

哲涛分析：员工投入经常被定义为情感和精神上对组织的承

诺，或者说也可以定义为员工在从事工作时显示出来的愿意主动付出的努力的程度。

一是要分析工作的价值与意义，去掉那些低价值或无价值的工作项目；二是要做好合理的分工，让合适的人做合适的事，避免高层次的人去做一些低端的事情，减少人力浪费；三是改进组织对工作的安排，要赋予员工工作的意义，让员工首先知道为什么要做这件事情、怎么做这件事情，让他在这两个问题上有话语权，而不只是执行的角色。只有在前端注入员工的意见、想法与创造性，在后端才能更好地投入工作，充分发挥积极性。

“还有一个道理我要告诉你，不是你让员工满意了，他们就会取得成功，而是你让员工取得成功了，他们的满意度会提高。所以，我们 HRBP 要做的事情就是要让员工成功，从而促进组织成功。”

8. 通过内部“社区”，共享知识与经验

在参加完一次业务会议后，哲涛刚好和工程部部长孙坚一起走出会议室，孙坚提到最近有一位在公司工作了 8 年的骨干员工离职，最可惜的是这位员工的业务经验没有留下来，知识、经验的浪费是最大的浪费。

孙坚感慨道：“如果我们有办法在日常工作中把员工的知识、技能与经验得到及时总结与固化，并被更多的人学习与借鉴，那么我们的队伍一定会成长得更快，公司的经营管理水平也会不断提升。”

“你说得对，关键是我们通过什么方式让员工愿意贡献经验，这应该需要一个自由发表言论的平台。”哲涛双手放到背后，不紧不慢地踱着步子。

孙坚说：“是的，如果过于正式，员工反而不敢在上面说，因为觉得太官方，也担心说一些东西会对自己有一些不好的影响。”

哲涛很赞同他的看法，认为信息的流转通常是员工在觉得自由、有趣的情况下才会做的。“现在员工层面缺少自由交流、抒发情感的渠道，也许我们需要建立一个内部社区。”

孙坚听了，拍拍哲涛的肩膀："这个点子很好，关键是建什么样的社区。"

哲涛边思考边说："我认为，这个社区工作的场所不要单纯就工作而论工作，也不要限制员工只能讨论'正面'的东西，'水至清则无鱼'，要允许员工抒发自己的真实想法和情绪、开放和民主的讨论。这样社区才会活跃起来，才能形成思想与心声交汇的'罗马广场'，成为员工思想碰撞与心声沟通的汇集地。"

"真理越辩越明，也许通过积极的碰撞，才能获得真知，并使真正宝贵的东西沉淀下来。"

9. 让福利弹性化、个性化

又到了一年年初刷新薪酬福利框架的时候，IT 事业部 HRBP 凌峰在做调研的时候，收到不少员工的反馈，公司的福利对大多数员工来说都是被动接受，不管员工是否需要、是否喜欢、是否用得上，没有可选的余地。久而久之，让员工变得麻木，这种传统的企业福利制度很不灵活，对员工的激励性有限。

凌峰根据员工的反馈，考虑是否可以实施弹性福利制度，员工可以按照自己的需求在各类福利项目中选择所需要的福利，如根据自己的年龄、性别、所住地域、偏爱的商品等进行选择。

凌峰与哲涛沟通了这个想法，凌峰认为，企业为员工提供的福利好坏程度直接影响员工对工作的态度。高薪资只能作为企业对于人才招聘供求关系的体现，而好的企业福利则反映了企业对员工的长期关怀，同时好的企业福利还会起到激励员工的作用。

员工福利对于企业来说也是一项支出成本，如果福利不能起到激励员工或留住员工的作用，无疑此成本的付出就是一种浪费。弹性化福利才能满足不同员工的需求、提升员工的满意度。

哲涛最近读到一篇关于腾讯弹性福利的文章，介绍了腾讯的做法：

福利，一般公司都会有，如何差异化，做出自身的特色？腾讯在做福利时强调两点：一是要贴近业务，比如去年推出的专门针对心理健康的“心发现”项目就同业务有紧密合作——关注员工面对压力时，如何帮助他们缓解压力，管理者如何识别员工的压力并帮助他们，甚至工作场所如何设计能让员工工作得更舒适，以及针对不同的岗位特质去挑选更合适的人等。二是福利的个性化和通过个性化福利引导员工的行为。具体来说，个性化的福利体现在今年上线的弹性福利上，除了体检、保险等必须要保障的福利外，其他的都开放让员工自选。另外，腾讯薪酬福利部还尝试增加带有激励性质的弹性福利积分，通过个性化福利引导员工。

每一位入职腾讯的新员工都能领到一副“福利扑克”，54 张牌，每一张代表一种福利，涵盖了员工工作和生活的各个层面。如今，在弹性福利的可选项中，超过 70 种产品，一副牌已经覆盖不下，原来扑克牌上很多产品在经过调研和实践之后并没有纳入弹性福利中。腾讯通过福利吸引人才和保留人才，同时帮助员工生活得更美好。

哲涛从腾讯的弹性福利政策得到启发，在公司内建设员工一站式“福利拼盘”的平台，给员工提供多种福利选择，包括年节礼品、健康体检、旅游、电影票、健身房年卡、美容券、家庭电器及日用品等产品及服务。

这种福利一揽子方案强调员工参与，并给予员工对于福利的选择自主权。通过这种方式增强员工对企业的满意度，提高员工工作的积极性，最终促进员工为企业创造更多的佳绩。

六、持续辅导好管理者，HRBP 责无旁贷

1. 新来的管理者如何打开局面

最近公司从某分公司总经理岗位上提拔一位地产行业管理部部长雷波，据说这位原分公司总经理在众多分公司总经理中是出类拔萃的，特别是情商非常高，与他共事过的同事都赞不绝口。他所管理的区域分公司文化氛围非常好，徐亮想看看他上岗后会采取哪些关键举措，好的经验可以好好总结一下给其他新上任的干部学习。

让我们一起看看雷波上任两个月做了哪些事情。

上任后，雷波发现部门内等级森严、员工死气沉沉，在上级面前噤若寒蝉，大家的工作积极性不高。根据调查，该部门是员工最不愿意来的部门。有一次雷波到达办公室，路过员工林燕的座位，林燕本来在和同事说笑，一看到雷波笑容马上僵住了，然后低下头敲打键盘。雷波记得以前他回总部的时候，林燕都会向他招手："雷波，来，我这有好东西吃!"然后还和他调侃说笑。现在他上任后，林燕成为她的间接下属，但彼此间的亲近感马上变成距离感。

"为什么会这样？这样的氛围对工作好吗?"雷波陷入深思，他决定做出一定的改变。

首先，雷波与相关领导对标，与主管地产行业副总裁及 CEO 都进行了沟通，明确其对地产行业管理部部长的定位与价值的意见，这将为工作确定比较正确的方向。

其次，雷波着手组建部门内的核心管理团队，就是把部门内的核心骨干组成一个决策团队，对部门员工的绩效管理、晋升、调薪、奖金分配等工作通过这个团队进行集体评议，以便更加开放、客观与公平。其实，雷波通过这个管理动作还有一个目的，就是让周边的人员形成一个对自己的约束机制，因为“一把手”没有监督与约束就容易犯错误，他是想让自己“带着镣铐跳舞”。

再次，雷波组织召开了部门核心员工的沟通会（因为部门人员太多）。会上，他说明了自己的处事风格与基本原则，部门内倡导怎样的价值观，比如坦诚、开放、高效、轻快。他开玩笑地说：“轻松的氛围不敢保证或承诺，也难以做到，从我过去做管理工作的经验来看，往往承诺轻松的到最后都做不到，而且这也不是组织倡导的主旋律，但轻快是可以做到的。”

最后，雷波还有意识地增加自己间接下属的曝光机会。在下属给自己汇报的工作中，要求谁写的材料就由谁来讲，让写材料的人直接面对隔层主管。部门开会时也坚持这个原则，让最熟悉情况的人来讲。

每个月雷波组织一次直接下属聚餐活动，他请每个下属部门主管每次带一个部门同事参加聚餐。一方面，可以更多地了解间接下属；另一方面，让间接下属有更多的机会表现自己。

雷波还促进下层部门的跨部门沟通联谊，建议各部门主动与其他部门搞活动，可以聚餐唱歌，也可以去户外运动等，彼此熟悉会让部门间的沟通协作更顺畅。

近期有个下层某部门主管晋升，雷波主动提出由另一个二层部门主管兼管这个部门，以便促使这两个强相关部门融合，在一定程度上朝“大部制”迈进一步。

雷波采取的这些举措，有效地调动了下属干部及基层员工的工作积极性，明确了自己的管理导向，让部门氛围快速得到转变。原来的层级森严、基层员工对上敬而远之的局面得到了根本的改变，大家反馈新领导很接地气，也愿意与领导沟通，建立起一种信任感，相信他能够公平、平等地处理事情。

从雷波的管理可以看到，尊重、坦诚、开放是最好的管理方式。

2. 新任管理者如何度过第一个 90 天

通过雷波的案例，哲涛考虑进一步完善与落实新任管理者上岗的方法论。他读了迈克尔·沃特金斯的《创始人：新管理者如何度过第一个 90 天》，觉得非常好，能够应用在新干部上岗的工作中。

这本书讲述了如何在职场新岗位上快速取得成功，它将新任管理者取得先期成功的时限设定在 90 天内。在此期间，新任管理者的表现将决定未来的成败。根据有效原则的应用，新任管理者可以迅速理清复杂局面，找出应对办法，取得有效的成绩，在新岗位上站稳脚跟。

（1）想在新岗位上取得成功，关键在于能否很快达到损益平衡点。

损益平衡点，就是管理者上任以后，在某一个时间点使新组织的贡献值和消耗值相等。过了这个时间点，他就会为新组织贡献净价值，这个点就是损益平衡点。对管理者来说，每一次角色转变的目标，其实都是要尽快达到损益平衡点。

有一项针对 200 多位公司 CEO 和总裁的调查结果显示，他们达到损益平衡点的平均时间是 6.2 个月。如果按照正确的方法去做，花费的时间将减少 40%。一个领导者在新岗位上最初 90 天的成就，很大程度上能决定他事业的成败。

（2）在快速达到损益平衡点的过程中，需要掌握一些有前期准备性质的原则。

①做好自我准备。

做好自我准备，是在职位发生变化时，明白自己将转变成哪种类型的角色。

第一，新任管理者需要在心理上确立一个分界点，有意识地思考新旧工作之间的差别。

第二，要找到自己的弱点，找到自己容易忽视的职场领域，并进行相应的改进。否则，管理者只关注自己擅长的方面，将陷入失去平衡的误区。

第三，重建学习的能力。新岗位有很多新东西需要学习，但这个过程可能会带来挫败感。而重建学习的能力能让人敢于面对失败，迅速建立自信。

第四，自我准备还需要建立新的咨询网络，不仅包括技术顾问，还需要公司政治、文化方面的顾问。

②加速学习。

通过学习会获得“可以转化为行动的洞察力”，能使人更早地做出最佳决策。

学习的内容涉及技术领域、人际关系领域、文化领域等，帮助管理者尽早了解新组织中的一切信息。由于信息量很大，所以学习需要加速。加速的方法是采用结构化的学习流程，就是用统一的模式获得信息。

③根据实际情境调整策略。

情境就是组织所面临的现状。领导者通常会处于五种业务情境，分别是初创启动、整顿转向、加速增长、重新组合、保持成功。

在新岗位上，一定要先确定组织正处于哪种情境，然后才能定位自己的角色，是需要成为力挽狂澜的超人，还是去做一个善于协调的管家，这将最终决定管理者采取哪些具体应对策略。

④通过沟通取得成功。

这里的沟通，是指主动和新上司交流，因为他能决定新任管理者何时达到损益平衡点。和新上司沟通时，有一些信息非常重要：上司如何定义组织的现状？他对新任管理者有哪些具体的期望？他能够为新任管理者提供哪些资源？他喜欢哪种工作风格？他如何评价新任管理者在新环境里的表现？在入职最初的 90 天里，每过 30 天，新任管理者都需要和上司进行一次阶段性的总结，把沟通进行到底。

（3）做好准备后，再采用一些有实际操作性质的原则。

①保障早期成功。

在新岗位上取得早期成功，能让团队兴奋起来、充满活力，并帮助新任管理者建立威信，让其更快地达到损益平衡点。如果领导者不能保障早期成功，就不可能改进一些根本性的问题，比如战略、结构、制度问题等。

早期成功的最佳候选，是那些消耗最少，却能产生明显的运营和财务效益的事情。

②保持组织内部的一致性。

管理者在一个组织里的级别越高，就越要承担组织架构师的责任，必须确保组织内部的各个元素具有一致性。

组织的战略、团队结构、制度、员工技能，是保持一致性的四大要素，必须先从战略入手，分别确定这些要素之间是否相互协调，否则将对组织的发展产生阻碍。

③打造团队。

管理者在最初的 90 天里做出的最重要的决策，可能来自人事方面。作为新领导者，只有建立自己的团队，才能保障成功。

接手新团队，首先对现有员工进行评估。在最初的 30 天过去后，根据评估结果对人员进行调整。

此后要做的是保持新团队的动力。根据不同的实际情况，组合使用有推动性的制度或者愿景式的拉动性方法，来保持团队有前行的意愿。

领导团队最重要的是如何做决策，方式有很多种，但无论怎样做决策，都要以公平的方式进行。

④创立同盟。

想要在新岗位上取得成功，需要尽量获得广泛的支持，因此需要建立同盟。

新任管理者进入一个新环境，需要分析周边的人是否会支持自己，进行分类之后，还需要了解他们的影响力网络，并在这个网络中找到关键人物，即“意见领袖”。如果能说服这些关键人物支持自己，就会产生影响力的连锁反应，形成强大同盟，获得成功的概率就会大大提高。

（4）做好自我管理，同时促进团队每一个人转变。

在坚持上述原则的同时，取得成功还需要注意两个原则：一是自我管理；二是加速每一个人的转变。

自我管理就是管理者对自己的思路、心态、行为加以管控，让自己在新环境里做出正确的选择。如果管理不善，就很容易在困难面前感到脆弱、孤立、畏难，从而脱离轨道。而自我管理的一个重要方式，就是采用上述提到的八个原则。

当组织里加入新人之后，与他打交道的每个人都要经历相应的角色转变。因此，一个成熟的组织，应该有一个完善的加速转变制度，可以利用前面提到的原则帮助每个人尽快适应新角色。

3. 领导越大度，下属就越知道反省

家电事业部供应链主管马涛碰到一个非常“难调教”的员工，即使他耳提面命地要求员工注意一些工作的方法与细节，甚至拍桌子警告他，员工仍然不长记性，还是经常犯同样的错误。这位员工现在做什么都战战兢兢，总担心被主管揪住错误，而马涛感觉与员工沟通时也有压力，心里很不爽。

马涛为了这位员工一直在生闷气，有一天他终于忍不住了，就跑过来向哲涛倾诉自己的苦恼。

哲涛详细了解情况后，讲了自己曾经读到的一个管理理论：通常领导越大度，下属就越知道反省。在江湖上有一个类似的规律：一个人帮助别人越多，别人也就越愿意主动甚至默默地帮助他，“也许你可以用另一种方式，反其道而用之，当员工犯错时，第一时间不去批评他，看看效果怎么样。”

和哲涛聊完后，马涛半信半疑地离开了。下一次他发现员工出错时，就控制自己不去批评员工，当时心里确实很不愉快，但他拼命不让自己爆发出来。

令人意外的情况出现了，员工自己也意识到这个错误，一脸羞愧，等待主管骂他，但发现马涛一直没有批评他，反而让他心

里不安，后来他自己忍不住了，主动和马涛说自己做错了，以后会注意改进。从此之后，这位员工再也没有犯过类似的错误。

马涛觉得这个方法太神奇了，赶紧过来感谢哲涛，哲涛和他说："当然，这也要看员工的类型，不是所有的员工都适用这种方式，还是要讲究情境式的领导。"他推荐马涛看一看《情境领导》这本书，从中可以学会根据不同的情境、不同的员工类型来采用适合的管理方式。

4. 培养适应性领导力

哲涛继续和马涛沟通管理者的素质要求，他说：“作为管理层需要具有更高适应性的领导力，这种适应性领导力更多的是对于人际方面的，不同的人际处理场景需要管理者具备这种适应性领导力；而是否具备人员管理的经验，对于管理者来说日益重要。”

马涛听了非常感兴趣，希望哲涛能够给他多讲一些这方面的知识与方法。

哲涛说：“管理者的经历会塑造管理者的思维背景，就如同一张已有背景色彩的纸，无论你如何涂抹，原有背景的影响始终在其上，带有深刻的烙印和影响。而对管理者来说，他从事管理工作的经历，决定了其管理思维的角度、广度，也决定了他的沟通方式、行为模式。”

“从这个基础上而言，多经历一些管理的场景，甚至是困境，对管理者加速成熟是有利的。有时，通过有意识地设计管理者的经历，可以系统性地改变、调整管理者的行为方式、决策方式。所以，领导力的培养一定是通过经历来承载和实现的，经历就是培养适应性领导力的‘抓手’。”

马涛感慨地说："是啊，我觉得做管理者和做核心员工差别太大了，我的经历也丰富多了。同时，我感到自己肩上的责任更重大了。"

"是的，无论如何，只有在你承担了所有的责任之后，才能做好计划以达到自己的目标。承担了责任，才会敢于管理你的团队。随着权力的增加，你也失去了过去可以享受的某些自由，但这是管理者的代价和荣耀。"

哲涛最后说了几句意味深长的话，久久萦绕在马涛的脑海中挥之不去。

5. 管理者要抓好哪几件事情

哲涛近期设计管理者培训课程，因为管理者培训是 CEO 李健一直非常关注的事情，于是哲涛先和李健对标，看如何设计这门课程，以确保正确的课程设计方向。

当他开始向李健介绍自己准备设置哪几门课程时，李健听了开头，就打断了他的话："你先不要讲具体设计哪些课程，要先想清楚从组织的角度，我们希望管理者的核心职责是什么，要做好哪几件最重要的事情。"

哲涛思考了片刻，缓缓地说："我觉得管理者的价值是带领团队完成公司下达的任务，首先要能确定做正确的事情，然后就是如何指导员工把事情做正确。"

李健说："你这个说法太过抽象，但思考方向是正确的。我认为对一个组织来说，管理者的核心职责是做好公司文化的传递，并且能够带好兵打好仗。所以，管理者要做好三件事：一是制定战略与方向；二是建设与带好团队；三是做好执行与运营工作。"

"这个 CEO 真不是白当的。"哲涛心里想，对李健的高度与洞察力佩服得五体投地。

哲涛说："你说的几点非常精辟。从管理者的核心价值与三件关键要务出发，我再想一下管理者要掌握哪些方面的知识、提升哪些能力，才能达到这个目标。"

然后，他和李健深入地沟通，最终俩人敲定了几门课程作为管理者培训的课程：管理者角色认知、绩效管理、团队管理、团队激励、人力资源管理。

6. 通过基线管理进行业务改进

公司年终进行奖项评选，对做出特殊贡献的部门与个人进行重点表彰。其中，最佳管理改进奖的桂冠让行政部经理吴君“摘取”。

行政部能够获此殊荣，实在是让人“大跌眼镜”。因为，通常获奖的部门往往是业务部门，而非职能部门。对此，大家都很好奇，为什么行政部会获奖。

李健也要求哲涛组织各部门向行政部学习，学习他们做管理改进的经验，从而应用到其他业务领域中。

于是，哲涛约了行政部经理吴君做了一次深入的沟通，原来行政部采用了一种基线管理的办法，使行政成本三年来持续降低，而服务质量却没有降低，反而提高了。他们是怎样做的呢？就是把行政管理领域的各项采购与服务，比如食堂的食材、行政用品、办公室设备、办公室租赁、办公区卫生、水电空调、用车、宿舍管理等，都建立了一个年初基线，这个基线是从成本、效率（时间）、人均服务比、内部客户满意度几个方面建立的，然后每年要在上一年的基础上做出一定比例的改进目标（假设改进 8%）。

针对这个改进目标，就要分解为若干改进的举措，并明确改进的里程碑（如季度要达到的目标）、责任人、时间要求等。每个月会通过专项例会的方式对进展进行审视与内部通报，以便做好过程的监控与管理……一年下来，这些改进目标几乎都实现了。难能可贵的是，行政部一直坚持了三年，竟然把整体行政成本降低了 30%，而公司把省下来的钱，提取一定的比例作为对行政部团队的额外奖金，行政团队的成员更积极地投入效率效益提升、服务质量提升中。

哲涛总结了行政部的经验，做了一个详细的案例，组织其他部门（包括业务部门与职能部门学习）学习，关键是学习行政部运用基线管理与运营的方式提升经营、管理效果，从而构建组织的盈利能力。他提出基线管理有四要素：

- 基线建设与刷新。
- 基线应用。
- 业务改进。
- 结果核算。

哲涛进一步提出要求，基线的建设要结合公司内本业务领域历史数据、竞争企业的数据、标杆企业（或部门、项目）的数据、成本、战略等诉求建立起来；而基线一定要进入业务流程管理中，也要进入 IT 流程中，要有一个基线管理平台，并持续运营。所以，在基线管理过程中，要实现两个对接：一是业务流程和运营流程的对接；二是业务 IT 和运营 IT 对接。基线是管理的“抓手”，是公司数字化运营的基础。

7. 不要主观去设计棋盘

这段时间，哲涛正在考虑如何进行干部安排与晋升的问题，财务部副经理李静突然敲开哲涛办公室的门，她进来时带着神秘而小心翼翼的神情。

哲涛看她犹豫半天没说话，似乎有什么难言之隐，就好奇地问：“你有什么事吗？”

李静脸上泛起一丝红晕，声音小得几乎听不到：“有件个人的事情，不知是否方便问一下，我听说最近集团要考虑人员晋升的问题，我已经三年没有调级了，我想了解一下，这次我有没有可能晋升？”

哲涛皱了皱眉头，心里想：“以往很少有干部这么直接来问关于个人晋升的事情，大家心里都明白这是组织原则，在组织决策前一般是不会和个人透露与沟通的。”

于是，他按照常规的回答口径说：“你也知道，晋升的事情是公司统一考虑和安排的，具体要从个人的绩效、能力、工作态度及价值观等方面综合考虑，由公司经营班子集体讨论决定的。所以，我很难回答你的问题，也不适合回答。”

李静脸上挂着的笑容变得有点僵硬：“你说的我都明白，但是我知道还有很多没有说出来的潜规则。”

“噢?”听李静这么说，哲涛深感诧异，他接着问：“什么潜规则呢?”

李静低头沉思了片刻，缓缓抬起头说：“还不是关系的原因，我晋升不快，说到底就是因为没有后台。”

哲涛听了很诧异：“你为什么会这么想呢？我们在干部任命和晋升方面都有公开、公正的流程，还有干部任命的公示。你这么想的理由是什么?”

这下李静心里的苦水如水库开闸一样，喷涌而出，她再也无法抑制，开始诉说她认为公司内存在因为领导亲疏或裙带关系而获得快速晋升的人员。有几个人员是哲涛没有听过的，而且他也知道当初这些人的晋升都是严格按照干部标准，走正常的干部考察、讨论和决策流程的，所以李静的想法有点匪夷所思。其中，有一个年轻员工确实是其老领导重点推荐的，但也是经过360度考察评估，基于该干部的能力与过往业绩，在集体讨论的基础上决策的。

哲涛发现李静有一个思维与心理特点，就是把公司内很多正常的人事工作猜测或想象得过于复杂，仿佛里面都有关系的原因或作用，关系就像一支无形的指挥棒，在指引着企业内人员的升迁变动。在这支指挥棒的法力范围内，所有的一切都失效或作用不明显。

“这样的人，在企业里应该不在少数。他们总是把问题想得过于复杂，主观上制造出很多场景，然后把自己化身于这样的场景中，在臆想的规则中进行心理或行为上的搏击。”哲涛想起最近看过矫健的一篇短篇小说《天局》，讲述了一个棋手混沌在想象中的棋局中进行生死搏击，结果为了赢棋把自己变成一颗最关键的棋子，最后“胜天半子”的故事。

哲涛给李静讲了这个“天局”的故事，分享了他的感受。他说：“我们不要把问题想得过于复杂，很多时候是自己主观想象和设计出一个风起云涌的棋盘，并把其他人当作棋子，然后自己在棋局里翻江倒海、东击西突、纵横捭阖，弄得自己精疲力尽、险象横生，最后不惜搭上身家性命，只为赢得那‘一棋半子’。”

其实，在外人看来，这只是一个人的武林，一个人的肉搏，虚幻中的战斗。自己下的似乎是一盘天局，其实是一盘死局，自己安排的死局。

所以，在企业中，我们要使心里不长草，保持简单之心，不要自己主观去设计棋局，即使其他人设计出棋盘，自己也要跳出棋局来看，做观棋者，站得高才能看得明白。否则，如果过于投入这个所谓的棋局，很可能到最后都不知道对手是谁，连对手都未看清，自己一直在和自己想象出来的对手搏斗，为了“赢棋”把自己置于死地，把自己变成一颗“死棋”。

李静听后沉思良久，哲涛和她说：“其实你提到的几个人，他们的任命晋升过程我是比较了解的，并不存在你说的‘黑盒子’操作的情况。可能有的干部是被其他人举荐上来的，但是整个考察与决策过程都是在公平、公正、公开的基础上做出的，流程是规范的，结果是经得起考验的，这点我可以向你保证。”

李静看着哲涛正直的眼神，对这位 HRD 生出信任之情，她也一直听到周边主管或同事对这位 HRD 的评价，公正无私、坚持原则，深得公司领导、业务主管与员工的认可。她说：“那好，我相信你。相信公司会给我公正的评价与回报。”

李静走出哲涛的办公室，也留给哲涛深深的思考：“企业一定要蕴养正气、弘扬正气，要真正做到公正、公平，并把这种导向传递到广大的主管与员工中，让他们对公司有信心，才能真正用心投入工作中，而不是把时间与精力花费在臆想一些内耗的事情上。作为 HRD，我要以身作则，也要和 CEO 沟通，让他以'一把手'的身份做好标杆表率，在经营管理会议上向所有的高层干部强调，并让他们往下传递到中层干部中。”

“要使全体员工都有这样的意识，任重道远啊。”哲涛自言自语道。

8. 评价干部前一定要了解他的历史

分管医药行业的副总裁陆永上任三个月，就对下属拓展部主管袁刚很不满意，来找哲涛沟通，希望把袁刚替换掉。

哲涛从桌下拿出一瓶矿泉水递给陆永，他习惯地备一箱水以接待来访的同事。陆永有些意外，接过后连声说谢谢。哲涛问陆永是出于什么原因要把袁刚换掉。陆永说："这位主管不专业，有几次来找我汇报，我问到一些细节问题，他不能很好地回答，而且我觉得他不能很好地领会我的意图，执行能力不行。"

哲涛接着问："从这几个月的情况看，他的绩效表现如何，有没有业绩？"

陆永想了想说："业绩应该还是有的，比如我们这三个月新开了两家连锁药店，听说销量还不错，只是不知道袁刚在其中所起的作用如何。"

"那么，你了解袁刚过去的职业背景和经历吗？近几年的绩效结果？"哲涛接着问。

"哦……这方面倒没有了解，但我看同事们对他似乎还是比较尊重的，还叫他袁博，估计是个博士吧。"

哲涛说："你对他不够了解，这也是 HR 的责任，我们应该给你提供更多的信息，让你对下属的情况有更多的了解。”

哲涛说：“据我了解，袁刚是中国最好的医药大学医学专业博士毕业，在公司十年，分别在研发和生产部门工作了五年，其间业绩优秀，屡次被提拔，是公司最年轻的中层干部。他的专业职称也是公司最高的，还是我市医药协会的常务理事、知名专家，是我司重点培养的干部。”

陆永颇感意外：“哦，我由于常年在房地产行业，刚被提拔上来分管医药行业，所以对他的情况不了解，原来他还有这么牛的背景。”他有点迟疑不解，“那他近期的表现……”

哲涛笑笑说：“你上任前的一个月，他也刚从生产部门的主管调到这个职位上，公司希望他积累一下渠道拓展的经验，后续担任医药事业部的总经理。他刚到任不久，估计工作还不太熟悉。我听说他把大部分的时间都花在开新店上，估计和你沟通时准备不足。还有一点，我也是听说的，好像他的妻子生病住院了……”

“啊？”陆永吃了一惊，心里很惭愧，自己对下属真的是太不够了解。

哲涛假装不在意地整理了一下桌上的文件说：“所以，我们对干部进行评价时，一定要了解他的职业历史情况，毕业的学校、专业与时间，他经历了哪些公司、岗位，过去的绩效如何，职业任职资格情况如何，还有近期有没有工作或生活上的变动等。

“当然很多信息应该是我们 HR 提供给你的，应该在你一上任的时候就把你所有下属的背景情况给你一份，让你提前有所了解。这有点像医院的医生，做任何诊断前都要先看病人的病史，了解近期检测的各项指标情况，和病人充分沟通后才下结论。”

陆永点点头："在评价干部时，要慎之又慎，这才是对干部、对员工负责任的态度，我赶紧回去和袁刚好好沟通一下。"

"嗯，我也让同事马上把员工的人事信息导出来发给你参考。"哲涛和陆永握握手，安排门外的 HR 同事马上落实此事。

9. “一把手”一插到底合适吗

TD集团从集团层面严格管控人力预算后，经营不好的部门面临着严峻的考验，家电事业部总经理张扬的压力就很大。因为人力效率指标是事业部及事业部总经理张扬本人的KPI，这项指标完成不好，会影响事业部的组织绩效与张扬的个人绩效。

张扬非常着急，从年初就开始要求各部门减人，但看着各部门部长不紧不慢的，减人名单一直未提交上来，张扬心急火燎，经常凌晨四五点就醒了，头脑里想着如何减人的事情。从干部开始，然后到职能部门员工，再到业务部门。先是分析岗位的必要性（如岗位的KPI是什么、对组织的贡献与价值是什么、岗位的工作量如何），对组织贡献不大的岗位就可以裁撤掉。这个岗位上的人就要考察行不行，行，就转移到其他更有价值及有需求的岗位上去（这个岗位也要经过审视，确认有价值，需要这么多人）；不行，干脆把人“干掉”。这样把岗位和人都盘点一遍后，基本就可以确定裁撤哪些岗位，以及减少哪些人了。

组织和人的事情是大事，张扬担心各部门部长有私心，决定亲力亲为。至少事业部本部的两百多人他要亲自“过一遍”，然后考虑是否把下一层面部门的关键员工也过一遍。这些员工一个个的沟通也需要时间，怎么办？张扬想了很多法子：一是午餐、晚餐的时候在饭堂和员工沟通；二是坐车的时候和员工沟通，自己可以不开专车，改为坐班车；三是平时工作零星时间的约谈；四是晚上小区里约员工散步沟通（因为大部分员工都住在 TD 集团自己开发的小区里），可能还有其他可以挤出来的时间。每个人沟通 10～20 分钟即可。

想好后，张扬开始行动，他没有和各部门部长提前打招呼，而是直接在各种场合有意无意地和员工沟通，开始似乎漫不经心，但是一问到一些比较正式的核心问题，员工也警觉了。比如，“你认为你的岗位价值是什么”“你这个岗位的 KPI 是什么”“你今年要干哪几件事情”。有时对于员工回答不清楚的地方，张扬还一再地追问，追问时语气显得比较严肃甚至有点质疑，因为他觉得某些员工对工作的考虑深度不够，想给对方一点压力。而员工也颇感紧张，有时回答得结结巴巴、吞吞吐吐，脸涨得通红，沟通后几天都放不下心，心里总悬着一块大石头，提心吊胆地害怕发生什么。

而事业部内各部门部长也风声鹤唳，提前和部门员工打招呼，说“一把手”要亲自“召见”你们，要打起十二分精神，争取好的表现，不要让领导打上“没价值”“不胜任”的标签。于是整个事业部弥漫着一种压抑的危机感与不确定感，人人自危，大家饭堂吃饭时碰到张扬也低着头，能不碰面就不碰面，就算在办公室里也不敢高声说话，担心引起注意被点名去“约谈”。

这种方式已经持续了近三个星期，张扬自己干得不亦乐乎，也颇有些成就感，因为他已经识别出一些“南郭先生”。有了裁减人员的部分人选，接下来就一鼓作气、乘胜追击，他心里越来越有底，晚上睡眠质量也好了。但这时，各部门部长及员工都噤若寒蝉，只能悄悄议论谁最有可能被“干掉”，大家有着一种说不出来的憋闷与压力和不被信任的感觉。

这个消息也传到HRD哲涛处，哲涛意识到这个问题有些严重，已经影响到组织的氛围。他决定和张扬谈一谈。

某天，在星巴克咖啡厅里，哲涛问张扬通过这段时间在人力预算上的工作进展。张扬信心满满地介绍了自己的工作成果，而且拍胸脯一定能完成任务。哲涛听了，说：“你对岗位和人的盘点思路是对的，但对实施的方式，我有些不同意见。下面我试着对比一下你的这些做法，你听完之后可以辩驳，我们再讨论。”

接着，哲涛说了以下几点意见：“第一，一个岗位有多项工作，你与每位员工沟通只有10～20分钟，不能把所有工作都了解清楚，只能了解最重要的一两项工作，这样你的了解是不全面的。有的员工可能在这项工作上完成得不够好，但在其他工作上完成得很好，但你没有问，也没有了解到。”

“第二，你根据员工在这个岗位上的工作表现就判断员工行不行，这样也是有偏差的。因为员工可能是被安排在不合适的岗位上，不能发挥他的优势和价值，也许他在别的岗位上能够做得很好，而你通过简短的沟通后就已经判断这个人不行了。这样你会失去一些好的人才。”

“第三，作为“一把手”，员工和你沟通时会非常紧张，而且经常措手不及。而你也采用了有点类似压力面试的追问，这样他们很难正常表达自己，特别是那些表达能力、应变能力或抗压能力不强的员工，他们往往在你面前有拙劣的表现，而他们可能在本职工作上做得很好，只是不懂得表达自己。你识别了一些能言善道的人，或者会说但不一定会做的人……其中有一位员工，我听说你公开表达过对他很满意，但据我和这位员工前期的接触，他说的很多事情其实并没有做，或者做得不好，而他却很能说。通过压力面试，你只能识别一个人的素质或者某些能力（如抗压性、沟通表达能力、应变能力等），却不能判别他胜不胜任工作，以及做得好不好。”

“第四，作为‘一把手’，我认为你更应关注下一层人员、管理团队，你要把这个团队选拔好、建设好、带领好。这部分人选好了、带好了，你的导向与要求，他们会贯彻下去的。”

“第五，我想说的是‘一把手’要营造良好的氛围，传播正能量。你目前在组织内营造的这种消极、悲观的危机感，大家都不敢轻易说话、轻易表达意见。负面情绪在流动，有些好的人才已经有计划主动离开家电事业部了，你的直接插手已经让事业部鸡飞狗跳，这一定会影响业务，人心稳定对业务的稳定发展是很重要的。不要因为减人而动摇大局，动摇业务的根基。”

哲涛几个有力的观点，让张扬无法辩驳，他从来没有考虑到这么做有这么多潜在的负面影响，他犹豫地说：“那我应该怎么做呢？”

哲涛说：“你裁减低价值岗位与人员的思路是对的，只是你不应该亲力亲为，而是要授权，让下面的管理干部去落实。”

“你可以提前和他们开沟通会，充分说明你的标准与要求，并且限定期限，让他们必须完成。完成不了的，这些干部的绩效就会受到影响，不执行或贯彻不彻底的干部首先会被裁撤……对你的下属，这些干部，你是可以给予严格的要求和压力感、危机感的，但是你不应自己去传递压力、危机感给员工，而是让中层干部去传递，他们更有经验如何在团队中传递这种信息。”

张扬还是担心：“如果他们最后还是交不出裁减的岗位清单与人员名单怎么办，就像我之前碰到的情形一样。”

哲涛笑了笑："有个很好的办法，就是让他们排序，按照价值的高低，让他们把岗位的优先顺序排出来，把人的优先顺序排出来。放心，通过这种强制性的排序，他们一定可以排出来的，因为这关系到他们的业务以后能不能顺利开展，所以他们一定会把价值最低、影响最小的岗位和人员排到最后的。"

"对于评价人的事情，'一把手'不能一插到底，要把评价权交给最了解员工的人。他们朝夕相处，最清楚员工做得怎么样，而做得怎么样比说得怎么样更重要，这是评价人最真实、客观的依据。"

"我再补充一点，即使做人员裁减，也并不一定要风声鹤唳。这个过程也可以激发正能量的，比如人员裁减对组织经营的改善、对员工收入的提升。另外，肯定干得好的员工，对在这个岗位干得不好的员工，也可以肯定其优势所在，以及给其后续发展提供建议，甚至帮助他推荐一些更适合的内部其他事业部的岗位或者外部的机会……这些都是可以传播正能量的。任何事情，你既可以把它做成一件坏事，也可以做成一件好事，只是你的导向和角度不一样，效果就不一样。"

10. 营造激发创新的机制与氛围

研发部主管蓝明发现团队的创新能力不足，来找哲涛商量如何营造创新的环境氛围，激发研发人员的创新能力，让公司的产品具有持续的竞争力，他认为这是关乎公司长远发展的问题。哲涛说："能否先描述一下目前的情况。"

蓝明说："我把团队成员的时间安排得很紧，每周都有工作目标分解，任务紧的时候，甚至每天都要看进度。"

哲涛听了若有所思："哦，这样员工有自己思考的时间吗？"

"基本没有。"蓝明不假思索地回答："我们的任务太重了，基本处于长期冲锋的状态，员工都是疲劳作战，哪里还有思考的闲时间？"

"那么，你有什么方式让大家开拓思维、激发灵感？"

"两年以前有过，这两年没有。"

哲涛又进一步了解到，目前公司的研发基本是闭门造车，走自主研发的路，缺少开放的环境，而这又限制了员工的创新思维。

"这就是公司研发团队缺少创新力的根本原因。"哲涛心里确认了这一点，于是对蓝明说："不要总是追求'原创发明''自主创新’，关起门来自己干的人才是渺小的。我建议研发团队的眼睛要往外看，多向同行学习，走到行业的中心，接受各种新的信息，多看本行业或非本行业的各种实践。”

“另外，可以邀请一些行业‘牛人’进入公司来分享，或者把员工派出去交流也可以，比如客户处、供应商或合作公司，甚至竞争对手也可以考虑。”

蓝明听了很受启发：“是啊，每次和一些行业人士聊的时候，我总觉得激发了自己的很多想法，我们甚至可以和一些竞争企业应聘研发岗位的人员沟通。”

“是的，这是很好的途径。”哲涛竖起了大拇指，然后接着说，“我看到还有一些业界标杆企业允许员工对自己感兴趣的领域投入一定的时间，用于非主航道上产品的创新，也许这也能够给公司带来潜在的价值，比如新产品的萌芽、效率的提升、成本的节约等。不要忽视员工的创新能力，不要用各种条条框框把下面的人的思想与行为都束缚住了。”

蓝明表示赞同：“我明白这个道理！”

七、提升企业经营效益，推动战略落地

1. HRBP 要做企业经营促进者

一天早上，CEO 李健突然来到哲涛的办公室。哲涛赶紧站起来，给他倒了一杯水。

李健说："我有个想法，就是 HRBP 最根本的价值体现，归根结底，最后还是要体现在对公司经营的价值上。"

哲涛有点困惑："但 HRBP 不能直接贡献价值啊？毕竟他们属于支撑的角色。"

李健摆摆手："你不要忽视 HRBP 的价值，虽然他们不能直接对经营有贡献，但是可以间接促进经营。HRBP 最重要和根本的就是促进公司的经营提升，这是 HRBP 工作最重要的指向性。"

"促进经营？"哲涛琢磨这句话。

"是的，促进，也就是推动、加速、加把力的意思。"李健坚定地说，"你想一下怎么促进？"

"那我想一下，也许最直接的就是选好人，把合适的人放到合适的位置上，特别是业务管理者。然后帮助他们尽快上岗、提升能力，就可以促进经营和工作。"

李健接着说："这是一方面，我认为还有一个重要方面就是机制的构建。你认为哪些机制最能起到这个作用？"

哲涛深思了一会儿，说："我认为 HRBP 要对经营有促进作用，最好的抓手就是绩效管理。"

"答对了，就是要通过绩效管理机制促进企业经营。"李健拍了一下桌子。

哲涛说："HRBP 要努力不断夯实、优化绩效管理机制，并将绩效管理工具介绍给业务主管们，并辅导和帮助他们建立员工的绩效目标，做好绩效辅导，引导他们做出公正评估和透明反馈，鼓励员工发挥绩效，给员工提供绩效改进的机会，让员工的绩效产出越来越好。"

李健表示赞同："是的，真正有效的绩效管理是可以激励员工自觉'跳起来'去达到更高的标准，并不断刷新这个标准。员工的绩效提升了，公司的经营自然不断提升。"

2. 基于增量激励的绩效管理体系

和李健沟通后，哲涛潜心研究和比较各种绩效管理方式后，最终考虑采用增量绩效管理。增量绩效管理就是留住核心员工，给少数优秀的员工涨工资，来倒推员工任务。

增量绩效管理的核心是把部门预算和员工收入高度关联，增加核心员工的收入，使高收入产生高激励，高激励带来高压力，反过来推动核心员工能力大幅度提升。增量绩效管理的实施方法是减人、增效、加薪。

- 减人：通过工作流程优化、岗位合并、明确分工等，进行人员精简。
- 增效：将核心员工的收入提高，可以倒逼他们的能力增长。工资倒推任务，设置员工工资包，促使其自行完成绩效。
- 加薪：强制规定必须给核心员工加工资，从而倒推他要完成多少收入，提高人均收入。

每年完成任务，给前 20 名的员工加 20% 工资，中间 20% 的员工加 10% 的工资。每超额完成公司绩效的 10%，再增加 10% 比例的员工。此外，即使部门做得再差，也要涨工资，不过可以减人。

哲涛认为，企业最核心的管理问题是，一定要把公司的组织绩效和部门的费用、员工的收入联动。在组织绩效搞好的前提下，再来看组织里每一个岗位和流程里每一个角色承担的绩效有没有有效的落实。绩效管理，实际上是流程的绩效、组织的绩效、岗位的绩效和角色的绩效，管控好这些环节才能有效。

3. 对不确定性的业务用 OKR 的方式来管理

在实施绩效管理过程中，哲涛发现用 KPI 或关键任务的方式比较适用于有确定性业务的部门，而对于有些部门的业务具有较强的不确定性，比如市场开拓部门、研发部门或者需要长期投入才能有产出的部门，似乎用 KPI 的方式很难衡量。

再如，TD 集团有个部门是要做大产业空间的政策拓展部门，职责是影响行业主管部门推出新政策，如果落实新政策的推出就会把这项工作交给公司内部的销售部门。当哲涛要为这个不确定性业务的部门制定年度目标设定时，发现其业务目标具有战略性价值，有一定的探索性、不确定性、动态性，需要通过管理过程来管理结果。也就是说，目标是确定的，过程是不确定的，但目标是牵动过程的，过程是支撑目标的，它们是一种相互联动的过程。

所以，哲涛考虑在这个部门试行 OKR 的绩效管理方式。

OKR 的全称是“Objectives and Key Results”，即“目标与关键成果法”。它是一种目标管理方法，是一种能够让企业更好地聚焦战略目标，更好地集中配置资源，更好地使团队上下同欲的管理方法。

制定有效的 OKR，首先要制定好 O（目标）和 KR（关键结果）。

O（目标）：回答的是“我们想做什么”的问题，是定性的，好的目标应该是有时限要求的，简洁直白的陈述，能鼓舞人心、能引发团队共鸣。

KR（关键结果）：回答的是“我们如何知道自己是否达成了目标要求”的问题，是定量的。设计 KR 最具挑战的部分是如何把目标中定性的部分转化为定量的数字化表示。

在制定 OKR 时，有效的 OKR 一定是满足 SMART 原则的，一个完整的 OKR 实施流程可以总结为 CRAFT。

• Create：创造，以小团队运作的方式，为 1～3 个目标起草 4 个以内的具有挑战性的关键结果。

• Refine：精炼，把 OKR 草案提交给整个团队，通过评审会的方式对 OKR 进行进一步的完善与精炼。

• Align：对齐，识别目标之间的依赖关系，联合定义 KR，需要跟其他团队之间面对面讨论，并就依赖关系达成一致。

• Finalize：定稿，确定最终的 OKR。

• Transmit：发布，通过组织全员会的方式正式公示 OKR，对所有人透明公开，让全员知道在本周期内应该聚焦的目标是什么。

在制定好 OKR 之后并不是束之高阁，而是需要进行定期的进度跟进及评估，这个过程中有三个关键的节点需要重视。

• 周例会：每周例会评估本周目标的进展情况，以及关键结果的风险状态。

• 季度中期审视：要确保目标在季度结束时完成，建议在季度中期对目标进度进行审视与评估，以便尽早找到可能存在的风险及解决方案。

• 季度末评估：在季度末的评估会议上，需要回顾这一季度目标的完成情况及最终的评分情况，在这个评估会议上需要回答好两个问题——“做到什么程度”和“如何做到这个程度的”。

OKR 其实就是一张网，一张开放的网，但是这张网要捕获的猎物是既定的，如何挥舞这张网是不确定的。另外，在实施 OKR 的过程中，需要周边给予信息输入，作为评价的基础。所以，评价往往也是比较全面和客观的。

表 7 - 1 是哲涛设计的关于 OKR 方法应用的表格。

表 7 - 1 ××岗位 OKR 体系

Objective	KR 描述	评分标准	评分
O1：	KR1：		
	KR2：		
	KR3：		
	KR4：		
O2：	KR1：		
	KR2：		
	KR3：		
	KR4：		

4. HRBP 的绩效支持角色

哲涛组织大家构建出绩效管理体系后，后续就是落实与贯彻的问题。他通过 HRBP 把绩效管理工作布置下去，结果遇到了一些业务主管与员工的反弹：“你们 HRBP 就只会给我们安排工作、收发表格，给我们‘创造’了很多新工作，HRBP 的价值在哪里?”

哲涛听到一线的声音，他认识到这些目标是 HRBP 来落实 HR 工作时碰到的困境，就是业务部门觉得 HRBP 只是在给他们增加一些额外工作，HRBP 只是上传下达的角色。这样会使业务部门对 HRBP 产生排斥的心理，并把 HRBP 角色低端化，不利于 HRBP 后续工作的开展。

“必须尽快扭转这种局面，要体现 HRBP 的工作价值，就从绩效管理的工作开始。”哲涛暗暗下定决心。

那么，在促进企业经营效益、落实绩效管理工作的过程中，HRBP 应该是什么角色呢?

为此，哲涛召集 HRBP 团队进行深入的讨论，最后大家达成一致意见，就是 HRBP 不能把自己沦为“绩效流程的执行者”，而要支撑业务主管与员工的绩效提升与绩效达成，也就是要把自已提升为“绩效支持者”的角色。

那么，履行好这个角色可以通过一些关键动作来达成：

（1）给业务主管、员工赋能，宣传绩效管理的意义、作用，并介绍具体的方法论。

（2）帮助业务主管组织员工的绩效目标沟通、绩效结果反馈，并作为沟通角色的一员参与其中，辅助主管做好沟通工作。

（3）走到员工中去，手把手地辅导他们做好绩效管理工作，比如，

①在绩效目标设定方面，可以指导员工：如何分解绩效目标为可衡量的指标与指标值、如何把目标落实为关键的举措或行动计划、如何使绩效目标符合 SMART 原则等。

②在员工为绩效努力的过程中，应协助业务主管做好员工的绩效辅导工作，因为主管也许工作很忙，没有那么多时间对员工进行绩效辅导，或者忘记对员工进行绩效辅导，HRBP 要提醒主管开展这些工作。在有些工作上，HRBP 其实可以对业务主管进行“补位”，协助主管开展一些员工的沟通与辅导工作，以便较快地解决员工层面的问题，使员工的工作能够较快地开展。

八、重塑组织能力，支撑业务跨越式发展

1. 找到愿意打仗的将军

近期有两个分公司总经理的岗位出现了空缺，哲涛提交了几个内部人选，供公司经营班子讨论确定，这几个人选有的在分公司做过总经理助理，有的在总部做职能部门部长。

CEO 李健让大家先讨论拿个总体意见，哲涛组织高层团队讨论了一个多小时，还没有结论。这几个人选都有各自的优势，有的专业技术特别过硬，有的人际关系能力、沟通能力很强，有的一线经验丰富，但大家总觉得缺了点什么，不能完全确信某个人能够胜任分公司总经理的岗位。

李健看大家讨论没有结果，终于发言了：“这其实就是大家对分公司总经理这个岗位的选拔标准没有达成一致，大家还是先把标准讨论清楚吧。”

于是大家对标准开展了讨论，并在白板上列举了不少要素：专业能力、一线工作经历、多岗位业务经验、战略思维、决策能力、团队管理能力、影响力等。

李健等大家讨论得差不多了，看着白板上列的若干标准，双手交叉在胸前，仔细琢磨着。他想了一会儿，才说：“我认为缺了最重要的一条，就是分公司总经理要有愿意打仗的劲头，战术有千万条，头一条就是愿意打仗。”

李健提到拿破仑说的一句话：“很少可以找到愿意打仗的将军。”

“但我们就是要找到愿意打仗，能打硬仗的将军。你们想象一线激烈的竞争环境，时时刻刻在与竞争对手‘作战’，经常短兵相接，甚至是白刃战，而且有中长期的对抗战。狭路相逢勇者胜，这时如果没有愿意打仗、敢打的劲头，我们的队伍一定会垮下去，我们的业务一定起不来。”

李健最后做了结论：“我看目前这几个人选都不合适，还是再物色其他人选吧，记住，首要一条就是愿意打仗。”

哲涛说：“好的，我尽快把内部人才盘点一下，也欢迎大家把平时考察到符合这个标准的管理者推荐上来。另外，后续我们把这个标准用到一线管理者的选拔中并进行宣传，让大家知道这个标准，向这个标准努力。”

2. 培养多维度的经验类型

公司高层管理团队在讨论干部选拔的标准时，进一步提到经验层面的要求，这时哲涛提出了一个问题：

“以往评论一个管理者的经验时，经常说他在公司工作了多少年、有多少年的某业务领域经验。其实，这是非常‘粗颗粒’的经验描述，对于我们做好精准的‘管理者任命’是远远不够的，应该把经验指标进一步细化，发展为多维度的经验类型描述，用‘细颗粒’去衡量管理者的经验，以便更精准地做好人岗的匹配。”

其他高层管理团队觉得很新鲜，请哲涛具体说说如何把经验进行更细化的描述。

哲涛说了自己对经验的几个细化维度。

- 行业经验：就是在本行业与相关性行业工作的经验，可以包括本公司内外的经验。
- 公司业务经验：在本公司从事业务工作的经验。
- 产品经验：在本公司业务经验基础上，在某项产品上工作的经验。
- 管理经验：从事管理岗位工作的经验，还可以进一步看是管理多大规模的团队的经验。

• 区域经验：在某个区域（如国家、城市）工作的经验，这方面的经验对于开拓某个特定区域业务显得特别宝贵。

• 周期经验等：就是经历过组织哪些周期的经验，比如经历过组织创始期、成长期、成熟期、衰退期某一个或几个时期的经验，或者经历过特定的经济周期、行业周期、产品周期、团队周期等。

哲涛接着说："如果我们在讨论干部任命时，能够从上述几个更细化的维度去评估，就能够使人才选拔更有针对性、更有效。当然，这也要求人力资源管理工作做得更细，在干部评估前做更多准备工作。"

大家听了，觉得这个思路很好，一致建议应用到后续的干部评估与任用过程中。

3. 发展新业务所需的组织能力

大家讨论完分公司总经理人选的事情后，接着讨论公司今年的业务已经进入新的领域（人工智能），如何尽快抢占“桥头堡”，实现跨越式的增长。

在会上，大家普遍认为要尽快解决组织能力问题。目前的组织能力跟不上，不能有效支撑新业务的拓展，需要尽快补齐新业务所需的组织能力。

李健说：“确实，发展新的业务要求我们有新的组织能力，这个新的组织能力是可以建设起来的，而且是要通过多个渠道来建设。大家一起来讨论如何提升人工智能方面的组织能力。”

经过大家充分的讨论，明确了以下几项关键的举措：

（1）由于人工智能行业的特殊性、客户特点、员工特点都与其他业务有明显区别，建议新业务独立管理，在原来已成立独立的事业部基础上，允许这个事业部在管理方式、激励方式上与其他事业部有区别，允许个性化，使其培育与发展新的组织能力。

（2）补充部分具备新型能力的人去人工智能事业部，把内部已有的相关资源收拢起来，先期投入到新的业务中。

（3）引进行业“明白人”，通过“明白人”的引路尽快走上正确的路，并补齐能力短板。

（4）开发新业务相关的课程与实践体系，对有潜力的人进行培训与实践，以适应新时期发展的要求。

4. 建立模拟作战的训战环境

在提到针对新业务所面临的场景时，李健突然有一个想法，能不能把这些新的场景变成一种训战的环境，把批量的高潜人才派到那里去训战，使其成长起来成为派到其他区域拓展类似业务的生力军。

李健的这个想法是从军队的实战化训练方式上得到的启发。

随着现代高科技战争的发展，世界各国军队都把基地化训练作为通向未来战场的必经之路。美军在加利福尼亚州的欧文堡、洛杉矶的波尔克堡和德国的贺汉弗尔斯特建有 3 个大型训练基地，英军建有大中型综合训练基地 19 个，法军有训练基地 13 个，俄军也建有多个大规模训练基地。世界各国军队大多在基地建有专职的模拟部队。

欧文堡，美国陆军国家训练中心。美军本土部队每隔 18 个月就到位于加利福尼亚州沙漠深处的“准战场”轮训一次。美国近期 3 次发动对外战争，一次一个样式。美军官兵说：“在战场上遇到的一切，在欧文堡都遇到过了。”

而中国人民解放军朱日和合同战术训练基地，以计算机为平台，集导调监控、战场仿真、辅助评估、综合保障、基地管理“五大系统”为一体，主要担负的任务是组织师、旅、团级部队完成合同战术演练，协同装甲兵和其他兵种进行技术、战术训练。朱日和基地已实现组训方式由部队自导自演、自训自评，正在向导、演分离，训、考分离转变；基地职能由阶段性保障训练向全年度满负荷组训转变；成绩评定由人工向电脑科学评估转变；科技练兵成果由试验论证向形成整体作战能力转变。

任何一支军队，军事训练就是战争的预演。实战化训练，历来是各国军队打造胜战之师的重要途径。

李健说：“对于企业来说，面临的外部竞争环境如同作战环境，我们的队伍就是兵和将，我们的队伍是否在公司业务需要的时候能够拉得出、上得去、打得赢，在于平时的战斗力培养，是否向打仗聚焦，各项工作向打仗用劲。”

“所以，各级干部都要认真研究打好企业经营之战，研究战争、打仗，把握本行业作战规律，扎扎实实做好各项作战准备工作。要坚持仗怎么打兵就怎么练，打仗需要什么就苦练什么，什么问题突出就解决什么问题，全面提高队伍的实战化水平。”

李健把企业的经营管理与军队的作战管理联系起来，让高层领导团队形象理解和感受企业经营的压力与外部竞争的激烈性，大家的凝聚力得到增强，积极讨论如何提高队伍的实战性能力。

通过讨论，大家确定了公司要进行战略性的人才培养，这种培养要基于企业不同的业务“作战场景”，根据场景分为若干个“场景分队”，每个分队都有培训、作战两个部分；挑选有意愿、有潜力、历史绩效优良的员工，派往这些场景分队去培训，到一线的项目中作战，时间长达半年至一年，以锻造出新的作战场景所需要的视野、思维、知识、技能、经验，再进行组织的评估，派到相应“作战场景”的新岗位上担任重要职务。通过这种方式，用三五年的时间，把适应新的“作战场景”的实战化能力建立起来。

5. 把员工的经验与技能显性化

TD 集团近两年面临的外部经济形势有所变化，房地产行业也进入国家强力管控的范畴，整个行业景气指数下降，不仅招聘量大幅减少甚至冻结了招聘需求，如何盘活内部资源，激活内部员工的潜力也成了一个重要课题。

即使是房地产行业，不同区域也有不同的形势，有的还逆势增长，有的在负增长。其他行业，如医药行业、IT 行业，却处于上升通道。这些行业不能因为增长而不断从外部招聘人员，这样会导致整个集团人力扩张，而地产行业的人员得不到释放，但是又不能直接把地产行业的人员划拨过去。

这个情况哲涛看在眼里、急在心里。刚好有一位业务主管徐亮找哲涛，他说："目前接了个规模很大的项目，是个新的领域，需要这个领域的特殊技能。但苦于不知道公司哪里有这样的人才，如果有个平台可以搜索这类技能的人才就好了。"

徐亮的问题给了哲涛启发，他考虑如何建立这样一个机制，就是让人员在内部流动起来，而这种流动又不能纯粹是出于组织需求的强制性调配，还要考虑到业务部门的个性化需求，以及员工的意愿及主观能动性。只有双方都乐意，这样人员流动的效率、匹配度是最高的，才能产生最大的综合的人的效益。

哲涛决定建立一个平台，让员工的技能与经验能够显性化，这样其他业务部门就能够看到，明码标价，业务部门衡量员工条件是否匹配、自主决定是否面试，如果面试合适就录用。员工也可以把自己的经验、做过的项目、绩效或业绩、职业资格认证情况等，都放在平台上。而公司可以把员工的教育背景、在公司内的职位转换情况、历史绩效结果、获得的荣誉与奖项，甚至受过的处分等，都可以让业务部门检索到。

组织应不断致力于让内部岗位需求信息显性化，让员工的技能显性化，在两者之间搭起一个桥梁，让他们能够达成匹配，岗位找到了合适的人才，人才找到了合适的岗位，实现两者的无缝对接。“谋定而后动”，哲涛想清楚这件事情后，马上找李健沟通，李健非常支持这个项目。后来经过哲涛的推动，员工信息公开在“内部人才市场”，经过半年多的推行，受到各方的一致好评。

九、做好 HR 运营管理，向运营要效益

1. “空降兵 + 本土兵”的联合创新驱动

TD 集团实施 HR“三支柱”模型（COE、HRBP、SSC）已经好几年了，逐渐发现在“三支柱”落地过程中还存在一些深层次的问题。比如，COE 在各层级组织的延伸与落地、三种角色间如何拉通与联动的问题、SSC 从服务职能往交付职能的转型问题等。

哲涛和李健沟通后，决定在“三支柱”模型的基础上进行新一轮的变革，通过体系优化和创新，使 HR 体系更能支撑一线的作战。

他们考虑一个问题，是采用公司内部自行管理的变革创新，还是采用借助外力，通过外部咨询顾问公司进行创新。李健让哲涛先谈谈看法。”

哲涛说：“第一，管理的创新与变革是需要结合内外部的视角与力量一起做，如果只有内部的视角就会有局限性，难以做到与外部先进企业很好的对标，因为咨询培训公司在这方面有着独特的优势。”

“第二，外部咨询顾问能够从第三方的角度去沟通与推动，变革性的项目无疑会遇到一些内部人员的阻力，容易造成变革的障碍。这时候内部的人员去沟通效果不一定好，而顾问作为第三方，说出来就会比较客观、权威。”

“第三，让专业的人做专业的事，花钱买时间。如果内部来做，就要集中与投入一个团队专门做这个项目，因为涉及大量的研究、开发工作，我们的正常业务就受到影响，或者需要批量引进外部人才来补充队伍，造成刚性的人力成本提高，项目结束后就得释放，又造成经验的浪费。”

哲涛总结说：“所以，我建议要引进外部的力量，而我们内部也有一个对接的小团队，采用联合工作的方式推动。”

李健说：“我同意你的看法，采用‘空降兵+本土兵’联合驱动的变革方式，通过内外部视角与力量一起来做。”

2. 建立 HR 运营的思路

TD 集团与 M 咨询顾问公司签订了咨询项目的合同，TD 集团在内部设立了一个“War Room”。M 咨询顾问公司派了一支 5 人的团队常驻公司，其间不断有 M 公司的顾问阶段性地参与进来，而 TD 集团也有一个小型的 3 人团队进行全面对接。

M 咨询顾问公司对 TD 集团“HR 三支柱”进行深入的调研，TD 集团的“HR 三支柱”目前是独立运作、分割情况较严重、缺少联合运作的机制。对于模糊地带的工作，也经常出现相互推诿的情况，比如，HRBP 认为有些工作应该由 HR SSC 来做的，而 HR SSC 认为是 HRBP 应该做的。

M 咨询顾问公司结合对业界的分析发现，业界“HR 三支柱”运作比较好的企业普遍采用“运营”的思路来运作。以“运营”思路运作：一是建立运营体系（架构）；二是建立运营团队（以项目的方式）。

HR 运营的体系架构，首先要有运营目标，其次是运营关键领域，最后是运营的指标与 SLA。比如，

- HR 运营目标：提升 HR 流程运作效率，提高 HR 服务质量，提升客户与用户体验。

• HR运营关键领域：HR政策、HR流程、HR数据、HR IT平台。

• HR运营指标与SLA：给每项HR服务设定衡量指标与指标值（如周期、质量）。

HR运营团队是“跨三支柱”的合作，就是在“三支柱”的基础上，成立专门的项目运营团队，从而拉动三个角色。每个项目运营团队的主导可能是HR SSC，也可能是HRBP或HR SSC，主要是根据项目的特点，哪个角色的诉求与意愿最强、掌握最多的信息、能调动最多的资源，就让谁来主导。

HR运营的思路就是把HR服务作为一个产品，有前期策划与设计、产品生产与推出、宣传推广与落地、用户意见收集、产品的迭代升级等过程。

3. “面向对象”的 HR 运营思路

M 咨询顾问公司在 TD 集团研究了两个月后，提出一套新的 HR 运营思路，就是在“三支柱”模型的基础上进行升级，形成一种“面向对象”的 HR 运营机制。

因为项目组在调研时发现，现在的三支柱模型无论是 COE、HRBP 还是 HR SSC，都只提供一种“全员性”、普遍的、通用的服务。虽然对所有人都一视同仁，但服务的重点不明确，各部门、各群体的个性化需求得不到解决，比如，房地产事业部和医药事业部、互联网事业部的诉求是不一样的，员工群体也有很大差别；管理者、员工、HR 自身、外部人员（如应聘者、已离职人员）对人力资源服务的需求也是不一样的。

项目组建议，TD 集团可以开展面向业务、面向人群的人力资源变革，为不同的业务（如事业部）、不同的人群（管理者、普通员工、HR 自身、外部人员）提供场景化服务。具体方式上，可采用专项项目组的方式，项目组部署的地方有的可以放在总部，有的可以放在大区。如果某个地方、某个部门有服务的需要，就由总部或大区的专项项目组直接定点投放资源支持，提供高质量的服务，服务结束后就离开该地方，远程进行后续支持服务。这时，项目组的资源又可以定点投放到其他有需求的服务，形成专项项目组的服务共享化、总体成本最低化。

这样的共享式服务可以是一些政策宣传、特定群体的培训赋能、短期的项目需求，也就是一个地方可能一年只需要一两次这样的服务，那么就不需要长期部署资源在每个地方，也不需要所有地方的人都学会如何组织与开展这项服务，让他们把精力聚焦在更有价值的事情上。当一线呼唤资源的时候，最专业的项目组就会空降过去，给其提供最专业、最到位的、端到端的服务，但前提是这种高质量的服务是需要付费的，也就是说需要内部进行结算。

4. 升级武器装备：IT 系统建设

哲涛发现，公司的 IT 系统总是跟不上业务对于 HR 的诉求，导致 HR 不能发挥更大的效能。他深入分析了一下，主要有以下三方面的原因：

- IT 升级迭代与持续优化的能力太差。
- IT 需求实施的周期偏长，特别是花在论证、评审方面的时间。
- IT 团队的力量薄弱，不能同时投入到多个功能上的开发与优化。

哲涛认为，人力资源系统是 HRBP 的工作利器，HRBP 不仅专业能力要强，还要有先进的 HR IT 系统支撑作战，才能发挥更大的效能与价值。

于是，他决心改变这个局面，提升 IT 在公司内的地位，凸显其重要性。他大力推动公司专门成立 HR IT 部门，并把 HR IT 系统的建设融入新的 HR 运营体系（架构）中。

哲涛与 M 咨询顾问公司经过业界调研，认为人力资源 IT 系统体现了公司的人力资源管理模式，它应包括集中式的人事核心信息库、自动化的信息处理、员工自助服务、内外业务协同及信息共享，其作用主要为降低管理成本、提高管理效率、改进员工服务模式、提升组织人才管理的战略地位。

比如苹果公司，建立了全球范围内的人力资源管理网络化。员工帮助中心，员工在工作、学习中碰到了任何问题，都可以随时向员工帮助中心求助。在苹果公司内联网上运行福利登机系统，向员工提供了高效、准确、交互式的登机办法，强调员工的自我管理而非依赖 HR 管理，如在线应用软件，包括家庭变化登记软件、退休计划等软件，以强化员工自主操作的软件环境。员工可以在线获取信息、做出选择，自己上网选择福利方案。

苹果公司通过人力资源管理系统，并运用现有的移动互联网络，大力提高人力资源管理系统的针对性、时效性，不仅能激发员工参与 HR 管理的积极性，还能让人感到轻松、愉快。

5. HR 数据化：用数字驱动运营

哲涛提出要建立 HR IT 部门，并通过 IT 系统建设武装 HR 体系，得到 CEO 李健的大力支持。李健还建议哲涛和财务总监丁香进行沟通，学习一下财务体系的数字化管理经验。

在和财务总监丁香沟通的时候，发现财务体系已经把财务的思维渗透到每一个部门，甚至是每一个项目。

先说公司整体，每年的财务预算覆盖了公司几乎所有部门，包括市场部、销售部、生产部、财务部等，通过对市场预测、分析，并结合上一年度的实际生产销售情况，制定下一年度的销售指标。销售指标已定，与之相配套的生产采购预算、资金预算等的编制就可以开始。

企业预算编制的程序是：先编制销售预算，进而编制生产预算、销售与管理费用预算。根据生产预算编制直接材料预算、直接人工预算和制造费用预算。在此基础上，编制单位生产成本预算。根据销售预算、销售与管理费用、生产成本预算再编制利润预算，最后根据上述预算编制现金预算。各项预算编制完成后汇总到财务部门，经过分析，审查和调整形成总体预算上报企业最高管理机构审核批准，经批准的全面预算即作为企业的正式预算。

而项目层面，要做概算、预算、核算、决算。

- 概算：在递交报价或签订合同之前，决策层需要对项目成本及营利性有所了解，概算表作为决策支撑。

- 预算：在签订合同后，项目交付前，需要对整个项目的交付投入有一个预估，支撑交付计划。

- 核算：在项目进行中，做项目实际投入和预算做滚动核算，寻找并分析出现 GAP 的原因，避免投入浪费，影响项目盈利。

- 决算：项目交付结束，收入确认后，分析比较核算、预算和概算，找出差距，分析原因，总结经验并固化。

公司完善的财务管理体系与内部结算机制，已经让业务主管与员工普遍具备成本意识、财务意识。而财务提供的各项报表，已经成为公司、各部门、各项目进行经营管理改进的重要输入信息。

“数字会说话。”这是哲涛和丁香沟通得到的最深刻的感受。

哲涛深感人力资源要学习财经的数字化运营意识和能力，建立 HR 的数据架构与数据运营机制，让 HR 的数据运营渗透到每一个业务部门，并与财务的数据运营进行“握手”。

哲涛考虑先从年度的人力资源预算工作抓起，每年年底做好下一年度的预算，经过公司的经营管理团队评审通过后，按预算监控当年人力预算的执行情况，月度进行过程审视，年度按预算达成情况。而每一年度的人力资源预算都要求人力效率的指标有所改进，从而不断提升人力效能与效益。

其中，每个月的人力月报是很重要的管理工具，要从人力资源变动的数据中看出问题，输出对管理有用的信息。比如，分析人进人出的节奏、层级分布、各部门人员现状跟人力预算的偏差，对招聘、调配进度慢的进行提醒或预警；根据对离职数据与离职原因的分析，提出企业内部的管理改进建议。

6. 互联网精神是把事情变得简单

哲涛发现公司在内部讨论、评审上花费的时间特别多，在 HR 领域的事情也一样，一件小小的事情，会在 COE、HRBP 及 HR SSC 沟通中翻来覆去地讨论，特别是做这件事情对内部各种利益群体的影响。然后是相关的领导会怎么想、怎么看，如果有风险就不要往上申报。

哲涛深感效率低下，有深层次大公司的官僚病，可能一下子很难改过来，但自己可以从人力资源体系做起，把事情变得简单，让决策速度更快。

有一次，当他看到大家就某个问题讨论不休的时候，提了一个问题："这件事情，如果在互联网公司，他们会怎么做。"

这时，大家愣了一下，有人答道："Just do it！在互联网，应该不会想那么多、讨论那么多，直接去做，做出来再说，或者做了一部分，就去看用户的反馈与回应，然后再来看。"

听了这位同事的回答，哲涛点了点头："是的，把事情变得简单，这是互联网精神的一种特征，也是一种很好的工作方法。我们不要什么事情都揉在一起，能不能先解耦，让每件事情都回归到本质，简单的事情就好做了。做事的主题要突出，不要面面俱到。”

大家听了若有所思，哲涛又接着说：“互联网精神还有几项特征，大家可以学习一下。我个人觉得适当的冒险精神，以及包容失误或失败的精神特别好，只有走出一小步，我们才知道下一步怎么走，才能更快地走上正确的道路。”

7. 用科学的精神来做 HR 工作

哲涛最近身体出现了问题，需要到医院做一个手术，在医院住了一个星期。在这个星期里，他在医院观察医生对病人及医护工作人员的管理方式，从中得到了很大的启发，他认为医院在对人的管理上做得最好。其中，很多做法都可以借鉴到人力资源管理工作上。

首先，是对病人的信息管理方面。进入医院需要先问病人的病史，包括发病症状、发病时间、做过的治疗、吃过的药物等，还现场进行检查，比如体温、心电图、拍片、CT、B 超、血常规检查、排泄物检查等。通过综合的检查、各项指标来对病情进行诊断，而且这些检查不是一次做完就完事了，而是持续地观察检测，不断调整药物与治疗方式。通过沟通，包括与病人的沟通、家属的沟通，来全面了解病人的情况。所有的治疗方案都是依据检测数据、事实数据做出的。对于重病或异常的病人甚至全天候检测。

哲涛想这种严谨的科学态度能否用到人力资源管理工作中？比如，我们可以建立一套数据衡量跟踪体系，员工每个阶段的绩效结果、能力评估结果、周边反馈、关键事件的记录、任职资格记录、家庭信息、内外部培训记录、从事项目记录、假期记录、违规情况等，还有干部的考察结果。

精细化的管理是对员工的行为进行记录，比如员工在哪些场景下有什么样的行为表现，从而成为员工管理的参考，用于如何激励员工、如何管理好员工的情绪，甚至能够预测员工的行为，更好地给员工指导。

医生与病人的沟通是定期并随时发生的，每天早上的查房、过程的检查与互动，包括与病人的互动、家属的互动。医生掌握的信息会及时反映到医生的治疗方案中。而人力资源管理工作，很多时候对员工的状态是漠然的，或者这种沟通半年或一年才开展一次。如果我们能达到定期兼即时沟通，根据员工的绩效情况进行即时辅导，相信员工的工作状态与绩效产出会更好。

早会机制。每天早上一般科室会开一个早会，简要而快速说明科室里各项病人的情况，以及当天要做的事情、需要注意的地方，然后才开始查房。

在部门人员管理中，如果每天简单开一个 10 ~ 15 分钟的会议，说一下当天的重点工作，给部门员工一个工作重点的牵引，并了解员工碰到的困难、需要的求助，就能够快速推进工作。

还有会诊机制，就是相关领域专家一起对某个病人的情况进行集中会诊，以确定更合理的治疗方案。我们在人才评估工作中是否也可以考虑这种方式呢？就是集中对干部或骨干员工进行综合评估，集中人才评估中心的方法不仅适用于外部候选人，也适用于内部员工，特别是干部的发展与任用、继任者计划等。这种会诊应该长期做、周期做，还可以结合人才测评或评估的报告进行分析讨论，以便得到更客观、全面的人才评估结论。

8. 通过政策去改变，加强政策运营

CEO 李健在一次大会上说："公司的成功也是人力资源的成功。"这句话让哲涛进一步思考，这究竟是指人力资源的"什么"成功？

会后，他找李健探讨这个问题。李健反问他："你的理解呢？"

哲涛说："我认为是人力资源政策的成功。"

李健竖起大拇指表示赞同："是的，我认为人力资源的成功，最重要的是人力资源政策的成功。人力资源政策决定了公司人力资源管理的导向，就像指挥棒一样，指引着公司一万多名员工往一个方向冲。"

哲涛这时的思维被激活："政策是通过机制与流程落地的，属于政策的运营。因此，我们应该加强人力资源政策的开发与运营工作，运营包括宣传与落地，从而形成政策的牵引。"

李健听到这个观点，停顿了一下，接着说："不错，你说的政策运营是一个新概念，非常重要。政策出来后，它不会长出翅膀自己去四周宣传和影响其他人，要靠组织机制和人的力量去传达，去逐步推进落实。"

“公司目前到了一个新的发展阶段，人力资源的导向应该有一些变化。如果要变化，就要从政策的改变做起，并加强政策的运营工作。”

李健表示赞同：“我还听到过一个‘政策治理’的概念，你可以研究一下，另外可以借鉴国家法律的政策体系是如何管理和运营的，也许能从中学到宝贵的经验。现在我们的政策比较散乱，没有系统的梳理，我认为可以借鉴法律的框架和结构，把我们的政策体系也梳理清楚。”

哲涛把自己的工作计划说了出来：“我正考虑结合目前外部市场环境形势与内部经营管理状况的变化，重新审视各项人力资源政策，系统性地梳理人力资源政策，并对政策进行一定的调整与刷新，可能还需要出台一些新的政策，以便更好地支撑公司的发展需要。”

十、HR 如何在变革中发挥作用

1. 变革选人：有时经验比专业更重要

公司请 M 咨询顾问公司开展人力资源变革项目时，公司内由 CEO 李健牵头做组长，并开始组建项目组。李健让哲涛做副组长，请他先草拟一份项目组成员的名单，李健提出一定要有业务部门的人员参与。

哲涛想："这是一个变革项目，就是要尽量破旧立新，摈除旧的思想观念和流程方法，构建新的理念与流程，公司内的'老人'会束缚我们项目的思路，影响项目的进展，所以一定要用'新人'。新人有冲劲、没有历史因素牵绊、不怕得罪人，这样比较容易把事情做成。"

因此，哲涛除了把各事业部的 HRBP 纳入项目组外，开始考虑各业务部门参与流程变革的人选，他清一色都选了那些刚提拔上来的年轻干部，以及一些年轻的业务骨干，俨然一支"新锐部队"。哲涛非常得意自己的前卫思想与杰作，心想李健一定会表扬自己选人的魄力与革新的思想。

谁知李健看了名单后，皱着眉头许久不说话。哲涛奇怪地问："领导，你认为这个名单有问题吗？"

李健反问道："你认为靠这些人能够把项目推行下去吗？"

哲涛说："当然，变革工作要的就是一往无前的冲劲，要一竿子插到底，不能有顾虑与阻碍变革的行为，否则变革就不可能成功。我选的人都是新人，确保我们内部思想是一致的，有着足够的改革决心与魄力，整个团队握成一个拳头，才能更有力量。"

李健说："这样吧，我先给你讲一个故事。一支考古队要进入沙漠，他们找到一位据说是最有经验，被称为'沙漠活地图'的老汉，但却被告知这位老汉'人品不好'，因为他曾经把另一队进入沙漠的人丢在沙漠里，自己一个人跑了出来。所以，考古队大部分人都不同意选择这个老汉，并认为大家都是非常专业的考古工作者，其中也有年长的教授去过沙漠，并有指南针和地图，就算租借骆驼自行前往也没问题。最后，考古队队长力排众议，毅然选择了这个老汉作为向导。"

哲涛听得很好奇："哦，这位队长为什么会做这样的选择？"

李健继续说："这位队长说了一句话让我印象非常深刻，这句话就是'有时候经验比专业更重要'，因为老汉对沙漠的熟悉就如同女人摆弄锅碗瓢盆，他有着沙狐般的眼睛，懂得通过沙丘判断位置、通过天色与风向判断沙暴的到来，能发现那些沙窝中的梭草、沙蒿等植物，知道这些植物地下隐藏着水源，于是跟着这些植物的踪迹带领考古队前进……而这些经验，都是长年累月在实践中摸爬滚打积累出来的，极其宝贵。这样的'明白人'才能带领考古队提前避开风险，而后来的事实也证明这位老汉起到了非常关键的作用，几次带着考古队走出死亡的困境。"

"企业的环境也一样，是复杂的，也存在各种各样的'雷区'与'危机'，我们需要内部的'明白人'带我们巧妙地避开危机，到达目的地。而很多成功的企业变革项目实践证明，选择那些在企业内有着经验沉淀与影响力的管理者与业务骨干，更能把项目变革落地推行下去，因为他们知道在什么地方、通过什么方式是可行的，而且懂得绕开‘陷阱’，曲线前进。更重要的是，有他们坐镇，能够把局面稳住，并在碰到很大阻力时仍能得到高层的支持，因为很多变革项目没能开展下去，就是因为失去了大局与高层的支持。”

哲涛听后拍拍脑袋：“原来变革项目选择人员这么有讲究，真的需要慎重、深思熟虑才行。幸亏你提醒了我，不然这支新锐部队很可能在中途就‘阵亡’了。”

李健笑了笑：“现在还来得及，你按照我们的新思路，重新考虑和调整项目组名单吧。”

2. 变革开始：先做好顶层设计

哲涛在与 M 咨询顾问公司沟通时，一直在考虑变革的方向，就是自己要带领企业 HR 变革走到什么地方。他对顾问总监陈耀说："我们是否应该先确定将要到哪里去、引领我们前进的方向，以及过程的路径设计。"

顾问总监陈耀很认可哲涛的看法："你真是一语中的，我们在做变革项目开始就是要做好变革目标的设计，描绘出变革的全景图并规划出变革的路径图。概括来说，就是要做好变革的顶层设计，这是正确的变革思维。"

"我们的变革目标是让人力资源组织更快地应对业务的需求，提高对业务的价值支撑，给业务提供高质量的服务。"

"我们将经过三个阶段：第一个阶段是组织诊断阶段，主要是分析目前组织运作的问题有哪些、影响业务障碍在哪里，以便找到变革的抓手；第二个阶段是组织高阶设计阶段，即组织设计的高阶方案，把未来组织变革的框架建立起来；第三个阶段是低阶阶段，就是详细的组织方案设计。每一个阶段都定义目标与输出衡量标准，请你看下这个材料。"

哲涛接过陈耀递过来的项目目标架构图，仔细阅读，脑子里慢慢地理解，并谨慎分析判断，他最后说：“这个目标的架构很好，不仅提炼了对公司整体流程能力提升、规范化管理能力提升的目标，还分解为对不同的业务组织的目标、对主管做好人员管理的目标，以及对员工服务层面的目标。”

哲涛停顿片刻，似乎在重新审视自己脑中的想法是否足够严谨：“我觉得还少了一个目标，也是最重要的目标，那就是对为客户创造价值的目标。我们所有的变革，归根结底都是为客户服务，要给客户创造价值。所以，我们的流程变革最重要的目标就是能够提升给客户创造价值的效率与能力，这也反向地给我们带来更大的价值回报。这是我们最重要的指针，甚至是唯一的指向，其他的目标都是子目标，是围绕这个目标服务的。”

听罢，陈耀向哲涛竖起了大拇指：“高见！我们马上把对客户的目标补充进来。”

3. 变革过程：用精益创业的方式行动

做好流程架构的顶层设计后，下一步进入了具体流程开发的工作，哲涛来到项目组“War Room”和顾问团队讨论下一步的工作开展。

这个“War Room”在大厦的第一层，“War Room”有一个小阳台，和房间隔着透明的玻璃推拉门，外面就是园区，推开玻璃门出去，阳台摆着一张小圆桌和几张柔软的藤椅。哲涛和项目组主要成员坐在藤椅上，看着外面赏心悦目的花草树木，微风习习，送来淡淡的花草气息，品尝着刚送来的星巴克咖啡，在轻松的氛围中讨论工作。

顾问团队告诉哲涛，接下来的流程开发工作一定要让用户（具体使用流程的人员）参与到流程的设计过程，顾问组的负责人 Michael 说：“根据多次实施项目的经验，我们认为使用‘精益创业’的方式来推进具体流程的建设是容易成功的，从最终结果来看效率也是最高的。”

哲涛第一次听到“精益创业”这个词，很感兴趣：“哦？什么是精益创业的方式，具体应该怎么做？”

于是，Michael 给哲涛介绍“精益创业”的理念和方法，以及在变革实施过程中应该如何运用这种方法。

精益创业（Lean Startup）是由硅谷创业家 Eric Rise 于 2012 年 8 月在其著作《精益创业》一书中首度提出。精益创业提到的“三大法宝”，也就是三个主要工具：最小可用品、客户反馈、快速迭代。

（1）最小可用品：是指将创业者或者新产品的创意用最简洁的方式开发出来，可能是产品界面，也可以是能够交互操作的胚胎原型。它的好处是能够直观地被客户感知到，有助于激发客户的意见。通常最小可用品有四个特点：体现了项目创意、能够测试和演示、功能极简、开发成本最低甚至是零成本。

Michael 说：“我们的流程开发也可以借鉴这种方式，把流程用最为简洁的方式表达出来，采用‘最小路径’，然后呈现给用户，让他们一眼就能够理解流程是如何走的。”

（2）客户反馈：是指通过直接或间接的方式，从最终用户那里获取针对该产品的意见。通过客户反馈渠道了解关键信息，包括客户对产品的整体感觉、客户并不喜欢或并不需要的功能点、客户认为需要添加的新功能点、客户认为某些功能点应该改变的实现方式等。

听到这里，哲涛说：“这个我理解，就是要征求用户的意见，根据用户的意见来调整和优化我们的流程。”

Michael 点点头说：“你理解得很对。不过获得客户反馈的方式有多种，不仅仅是征求意见，还包括 IT 流程模拟‘生产环境’下的使用，甚至让用户自己来设计流程。我们流程开发与建设的一切活动都是围绕用户进行，要更多地把决策权交给用户。因此，如果没有足够多的客户反馈，流程建设的失败率会较高。”

（3）快速迭代：是针对客户反馈意见以最快的速度进行调整，融合到新的版本中。对于互联网时代而言，速度比质量更重要，客户需求快速变化。因此，不追求一次性满足客户的需求，而是通过一次又一次的迭代不断让产品的功能丰满。

说到快速迭代，哲涛就很容易理解。因为他以前在对员工的培训赋能时使用这种方法，于是他马上说："就是用小幅试错，频繁验证并修改的方法吧。"

Michael 向哲涛竖起了大拇指："没错，就是这个意思。"他接着介绍用"精益创业"来开展变革项目实施过程的好处。

一是快速。所有的创新行为和想法都必须在最短的时间呈现出来，抛弃一切暂不重要的其他功能，把极简的功能展现给客户，无论成功或失败，都能够以最快的速度知道结果。

二是低成本。过往"十年磨一剑"式的长期研发，其最终成果推出后，有可能发现花费了大量人力、物力和时间所开发出的产品，并不是客户所需要的。这种巨大的浪费除了会给企业带来巨大的经济损失之外，还对变革团队的士气形成巨大打击。而快速迭代的策略，确保不会在用户认可之前投入过高的成本。

三是高成功率。虽然变革过程充满风险，成功系数低，但也不是没有套路可遵循。按照"精益创业"的模式，从"最小可用品"出发，过程中每一次迭代都可以寻找用户进行试用，了解用户对产品的看法，寻找产品的不足和用户希望增加乃至修改的功能点。当持续遵循用户的意见进行开发后，项目组不断纠偏的成果就是产品越来越符合用户想要的效果，而不是开发团队闭门想象的样子，创新的成功率能够大大提升。

哲涛拍拍 Michael 的肩膀说："你介绍的'精益创业'的方法很好，我也要把这个方法介绍给内部团队，同时给他们发一本《精益创业》，让大家好好学习怎么运用在后续的项目工作中。"

4. 变革心态：要先做到“心胜”

哲涛在推进变革的时候，因为变革逐步进入“深水区”，会产生一些“削权”的情况，已明显触碰到一些核心元老的利益，一些老干部已经开始向哲涛施加压力与影响，希望他能够多考虑自己这一方的利益，在变革的时候有所倾斜。当哲涛受到几方影响时，左右为难，感到很大的压力，怀疑这种变革能否进行下去。

他忧心忡忡地找李健沟通，讲了自己的压力和忧虑，李健听了，用坚定的眼神盯着哲涛说：“变革本身就是基于中长期公司发展考虑的，短期内肯定会有一些成员利益有损失，因为变革意味着权力的再分配。无论是谁，都必须从公司的高度去看待变革，不能只看着自己的‘一亩三分地’。”

他接着说：“你记住，变革要胜利，心胜是第一位的，心胜达不到，所有的动作都会变形。没有做不到的事情，只有不敢做和没有方法的事情。”

哲涛深受李健这些话的鼓励，重复道：“心胜！”

“对，就是心胜！先在内心战胜自己，才能战胜外部的困难！”李健提高了音量，“另外，你还要记住一点，在不确定性的环境中，唯一确定的是我们自己和我们的团队。相信自己，相信你的团队，也相信我，我会坚定地支持你。有我的支持，你还怕什么呢?”

“我记住了，记得在变革项目刚开始时，你在大会上说了一些话，其中有一句话我印象特别深刻，你希望变革团队有追求、有担当、有能力。我依然记得很清楚，一直以这句话来激励自己。”

“好好干吧，放手大胆干!”李健用力拍了拍哲涛的肩膀。

5. 变革方法论：如何变革才能成功

在变革过程中，哲涛逐渐意识到变革最难的是变革管理，而变革管理最难的是变革的意识。在实践中，他率领内部团队和顾问团队克服了很多困难，并逐步总结了几点提升变革效果的方法。

（1）要有“尚方宝剑”，也就是获得高层的坚定支持，并通过正式文件下发，如项目组的任命文件，包括项目组的关键成员与权责界定清楚。

（2）做好宣传造势，占领思想高地。具体有以下几种方法：

- 邀请领导讲话发声并通过内部宣传渠道进行广泛传播。
- 阶段性发表关于改革的过程进展情况，总结阶段性经验。
- 开展一些内部讨论或关键人员访谈，并录制成视频宣传，主要讲清楚变革的背景与原因、大局和道理、为什么要变革，明确变革原则、措施和衡量标准。

（3）选试点，立标杆，抓典型，由点到线、由线到面，总结经验后推广。通过实验田来确定行之有效的办法，从简单到复杂，为其他地方的推广输出综合变革经验和人才，逐步实现“和平演进”。

（4）发简报，建群组，及时通报消息。项目组内部要建立及时沟通小组，定期发简报，明确后续工作推进节奏、责任人与完成时间等。通过微信或内部即时通信工具等非正式沟通方式，即时互动解决问题。

（5）培养金种子。管理变革应该是两批人：一批是攻城部队；另一批是守城部队。在初始变革中识别一些可提拔的人才，成为金种子，树立榜样，激活队伍。

十一、HRBP 的高级能力修炼（一）

1. 多跟人打交道，不要埋头计算机前

职能部门 HRBP 馨菊和哲涛在办公楼的同一层，当哲涛路过馨菊的办公位时，看到她在埋头工作，很少看到她与主管、员工沟通，他觉得有必要提醒一下这位小姑娘。

于是，一天中午他请馨菊吃午饭，吃饭的时候他说："馨菊，我看你似乎很少和部门的人沟通。"

馨菊从上午忙碌的工作中尚未完全缓过劲儿来："是啊，忙死了，我哪有时间和他们说说笑笑。"

哲涛笑笑："有时候说说笑笑也挺重要的，你知道各个职能部门最近发生了什么。"

"我手头的事情加班都干不完，我承接了三个部门的 HRBP 工作，同样的事情，我得重复做三遍，麻雀虽小，五脏俱全啊。"馨菊说。

哲涛笑笑说："这是工作安排的问题，这点我们等下沟通。我先和你聊一下工作方式的问题，作为 HRBP，是要花时间与主管、员工沟通。按照我之前做 HRBP 的经验，基本上用 50% ~ 60% 的时间来与业务部门沟通交流，做与人沟通的事情。这样你才能走到他们中间去，了解他们的问题，帮助他们解决问题。"

“噢，用这么多时间去沟通，我可能10%还不到。”馨菊吐了吐舌头。

哲涛说：“是啊，这种沟通是多层面的，包括对主管、对员工，你给自己更高一点的要求，就是做好对业务主管的管理，以及对员工的管理工作。什么是做好管理呢？就是你能够影响他们，影响的前提是了解、理解他们的需求、苦恼所在。”

馨菊接过话头：“你说的我明白了，就是要真正贴近业务主管和员工，走进他们的工作场景中，从HR的角度帮助他们解决问题，是吧？”

“是的，这样你的价值才能真正体现出来。”哲涛眼神里透露出赞许，“我看你已经领会我的意思，接下来我们讨论如何解决工作量大的问题吧……”

2. 把业务的语言当作自己的语言

有一天，哲涛早上上班，在停车场碰到家电事业部的生产主管明洋，他顺便问了一句：“你们事业部的 HRBP 韵诗最近干得还可以吗?”

这下似乎触动了明洋不愉快的经历，他说：“说真的，我现在基本不怎么和她说话，感觉她完全不懂我们的业务，感觉和她说话不在一个频道上。她一直是自说自话，讲自己认为是 HR 专业的语言，却不关注对方是否听得懂、是否愿意听。哎，别说了……”

哲涛心里隐约感到问题的严重性，他专门找时间约韵诗过来沟通。

韵诗在哲涛办公室看到书架上有很多专业类书籍，包括公司各业务领域的书，房地产经营与开发、医药、互联网运营等。她觉得很好奇：“领导，我们 HR 又不是这个专业领域的，只看 HR 领域的书籍，最多看看管理类书籍就可以了吧?”

哲涛开玩笑地说：“非也，非也……

“我们要学习专业科班的东西，不断拓展专业的边界，才能接触到专业的实质，把知识点连成一片，形成一个系统，才能在基本语言上与业务专业人员对话。”

“所以，我要求自己长期坚持看本公司业务的专业书籍，要比做业务的人更专业。既然我们要求业务主管懂人力资源，做‘非人力资源的人力资源管理’课程学习，为什么我们不能搞‘非业务的业务知识学习’呢？我还准备针对HRBP群体，开发专门的个性化课程，让HRBP掌握必备的业务知识。”

韵诗这时候似乎想到了什么，沉默一会儿说：“你觉得我们能够与业务部门对话很重要吗？”

哲涛看出韵诗意识到自身的问题，于是“趁热打铁”说：“作为HRBP，业务部门是我们的客户，要尽量与客户同步，特别是语言的同步，建议你多了解业务，学习业务的语言，甚至忘掉自己的语言。这样业务部门的人员才会把你当作自己人，觉得你是用心和他们沟通。”

韵诗听了自言自语地说：“这样啊……那我觉得自己这方面做得还很不好，还有很大的改进空间。”

哲涛鼓励她：“你能意识到问题就是很大的进步，接下来就看你的行动啦！”

我一定努力做出改变！”韵诗说。

3. 不要主动放弃你的权利

为了更好地辅导韵诗与业务主管做好沟通，哲涛特意参加了家电事业部的管理团队例会，主要是看看韵诗在里面发挥的作用。

他发现韵诗在会上几乎没有说话，只是在计算机前面帮忙翻幻灯片，以及穿插说："我们下一个议题是讨论……方面的。"

在人才评议部分，就是对干部与员工进行晋升的评议时，韵诗也是更多地倾听和做记录，几乎没有发表自己的见解。

哲涛看在眼里，皱了皱眉头，心里想："怪不得 HRBP 的影响力与价值还没有建设起来，因为 HRBP 还没有主动参与讨论，即使我们最有话语权的领域是人才评议，但我们主动放弃了发言的权利。"

会后，哲涛找韵诗沟通，说："刚才看到你在会上几乎没有发言，你作为管理团队例会的执行秘书，也有权利发表你的意见，不要轻易放弃自己的权利。"

"特别是人才评议的议题上，HRBP 是最有话语权的。你日常要留意考察员工，收集信息，做好关键事件的记录，识别哪些人比较优秀、哪些人一般，要有人才评价意见，作为给管理团队提供人员评议建议的参考。”

韵诗在会上其实也意识到了这个问题，她惭愧地说：“抱歉领导，这方面我确实做得不好，平时工作也做得不到位，我一定改正，主动了解情况，在会议上主动发言。”

哲涛语重心长地说：“我为什么强调要在会议上发表你的见解呢？因为发言了，无论发言内容怎样，都代表你‘入局’了，但你不发言，就是没有‘入局’，还是‘局外人’。”

4. 善用助推的力量解决问题

职能部门 HRBP 馨菊最近在解决一个职能部门间人员迁移的问题，她在推动几个部门的时候，出于不给其他人造成过多邮件干扰的考虑，于是选择最小范围内发送邮件，只是在操作层面的人员中发送，甚至连她自己的主管都没有发送。结果她发现那些负责操作的人工作积极性不是很高，而且相关部门的主管突然关心起这件事情，问起事情的进展，馨菊只能逐个解释一遍。

这个现象被哲涛留意到了，他对馨菊说："我发现你发邮件有一个特点，就是倾向于小范围里发送，能不抄送更多的人就不抄送。我能够理解，这种做法也有其合理性，但是对于一些重要的事情，特别是项目性的事情，一定要确保信息的同步性，相关利益者都要知会到位。"

"如果你通知不到位，可能不同的相关方不在同一节奏上往前走，后面的沟通成本就会比较大。比如，有的做法可能相关方是不同意的，到后面对方知道了，反过来说你没有告知，这就是你的责任。所以，信息知会周全是让大家都担负起各自的责任。"

"同步信息的好处是可以推动多方同步做工作，促进事情的完成。有时，即使收到邮件的人没有马上做出实质上的行动，但保持意识上或精神上的紧张性也是好的。因为有意识，在关键的时候或适当的时候对方就会采取行动，或促进其他人采取行动。”

馨菊听了，感觉领导在批评自己，心里有点不好受，但觉得哲涛说得很有道理：“是的，领导，确实有主管抱怨我没有发邮件给他。”

哲涛接着说：“能不能意识到事情覆盖的人员范围边界，对 HRBP 解决问题的思维视野是很重要的衡量与考验，说明你的格局有多大。很多时候，我们往往盯着眼前的小范围、小动作去做文章，却从不想把事情扩大到更广的范围、提升到更高的高度解决。我有过这样的经历，就是自己一个人张罗半天也没什么进展，但有一次无意抄送了一个邮件给一位高层领导，结果这个领导回复了一个邮件，下面一连串的人都紧张起来，马上推动问题的解决，问题瞬间迎刃而解。所以，这就是巧实力的作用，也就是助推的作用。一个外部力量的助推，使问题的解决加速 N 倍。”

馨菊望着哲涛，说：“助推真是好方法。”

哲涛还告诉馨菊两个工作小技巧。

一是注意把事情沟通知会到位，在发邮件或当面沟通时要把背景与进展信息说全，不要直接进入做事情本身，可能沟通对象连为什么要做这件事情都不清楚。

二是要及时把相关的人串联起来，避免很多时候单线联系，应联动的人没有建立连接。比如，这件事情应该是由 B 与 C 沟通去完成，但 A 作为开始接收到任务的人，只是单线的与 B、C 沟通，却没有把 B 与 C 串联起来（如邮件上串联、当面沟通的串联等），而有时候，这种关键串联发挥的作用是很大的。

5. 建立非授权领导力

馨菊和哲涛沟通后，意识到自己的不足，努力在做好“串联”沟通方面改进，也有了比较大的进步。但她始终觉得 HRBP 只是自己一个人服务于整个部门，没有直接下属，也不像管理者那样有专门的任命，认为自己缺少权力，很难影响其他人。

有一次，公司总部一位老专家李琪到事业部开会，和馨菊沟通的机会比较多，馨菊把自己的想法透露给了李琪。

馨菊为什么信任李琪，并愿意和他分享自己的想法呢？是因为她看到好几次李琪到事业部办事，他的亲和力与号召力都很强，又特别有专业经验，别人都很信服他，愿意配合与支持。馨菊很佩服李琪的影响力。

李琪听到馨菊强调有权力才有影响力的观点，他说自己有不一样的理解：“其实我也从来没有被任命过管理者，按你的说法也是一个手中没权的人，但是大家为什么都愿意在各方面支持我的工作呢？很多时候还是主动提供帮助的，你觉得这不算影响力吗？”

“当然算，所以我很好奇你是怎样建立这种影响力的。”馨菊说。

李琪和蔼地说："以前我的影响力也很弱，像你一样觉得手里没权力，不好要求其他人做事情。后来，我觉得不能找借口，即使没有组织赋予的正式权力，我一样可以发挥影响力，推动大家支持我把事情做成。"

馨菊紧追着问："你赶快说啊，你是怎么做到的？"

李琪笑眯眯地说："后来，我琢磨出一种'无授权领导力'，就是没有组织授权的领导力。怎么发挥这种'无授权领导力'呢？一是提升自己的专业性，让自己成为一个真正的'专家'，让大家从你这里得到有启发的意见和建议；二是言必行，行必果，承诺的事情一定做到，这样别人也会按照你的风格与你配合；三是尊重每一个人，无论对方是什么职位，都让他有平等沟通的感觉，让他感觉和我沟通很舒服。"

"慢慢地，我就建立起自己的影响力，就是这种'无授权的领导力'。其实领导力的形式是多样的，有强制型的领导力、有魅力型的领导力，这是常见的，但也有专业型的领导力、平和型的领导力等。"

馨菊很佩服地看着李琪："你太厉害了，我得拜你为师。"

李琪笑起来："你也可以做到的，相信自己，每个人的自我调节能力都是很强的。我再推荐你去看一本书，就是德鲁克的《卓有成效的管理者》，现在，其实每个人都是管理者，管理好他人的前提是管理好自己。"

"好的，我读了这本书以后再和你交流一下心得。"馨菊高兴地说。

6. 关注别人的感受多于关注自己的感受

和李琪沟通之后，馨菊一直很留意身边有影响力的人，有意识地琢磨他们为什么会有这样的影响力。她发现业务主管侯刚很有影响力，有难度的事情都能沟通下来，特别是别人看来几乎不可能解决的事情，他都能神奇地搞定了。

侯刚貌不惊人，性格也很温和，从来没看到他焦急或与人红过脸，显得一点都不强势，属于典型的“沉静领导”。无论外部门人员还是本部门员工，都对他赞赏有加，外部门主管或同事都愿意和他沟通，本部门下属很庆幸与他合作，在他手下干活。他是大家公认的很有领导力的人，虽然他负责的部门只是一个小部门，只能算是小领导。所以，他的领导力并非来源于他的职位，他沟通的人员层次、做成的事情，已远远超过这个岗位赋予他的权力与能力。

究竟他身上的领导力秘诀是什么？馨菊问了他身边的一些同事，他们也说不清楚，就是觉得他很有能耐、情商很高，但究竟他有什么不同于他人的特点，似乎大家都说不清楚。于是，馨菊决定专门找侯刚沟通一次，于是约他在楼下园区里走一走。

馨菊说：“大家都说你很有‘Power’，经常能把别人不能解决的事情搞定，你自己有发觉吗？”

侯刚笑了笑：“我自己倒没这种感觉，对我来说这是应该做的事情。”

馨菊说：“为什么你和别人沟通时那么有影响力，最后对方都赞同你的观点？”

侯刚沉默了好久，才缓缓地说：“我真没考虑过这个问题，并非我不愿意说。”

馨菊不肯罢休，继续引导他：“那么，你就回想一下你和别人沟通一件有难度的事情的场景，这个过程你会有怎样的行为表现。”

侯刚努力回想一些相关的场景，才说：“我通常不会一开始和对方说很多，而是先听对方说。”

馨菊点点头：“嗯，首先是倾听。当你倾听时，你会重点关注哪些信息？”

侯刚很快就回答：“首先我会关注他的感受，而不是他所讲的内容。我是一个关注其他人的感受多于关注我自己感受的人。”

他说的这点引起了馨菊的兴趣：“也就是你是一个心比较软的人是吗？我以前读过一本叫《社交商》的书，好像把这比作情感强度。在情感方面越不敏感，情感强度越高，你应该是属于情感强度比较低的人。”

侯刚点点头：“嗯，也许是的，我通常不太容易拒绝其他人。”

馨菊接着问：“我有点奇怪，你说自己不太容易拒绝其他人，为什么你和其他人沟通协商的结果往往是向你希望的方向发展呢？我听说你基本都达成了预期目标，你有什么比较好的方式说服其他人吗？”

侯刚笑笑说："我其实不是特别喜欢说话，所以和人沟通时说话并不多，不过我通常会抓住最重要的一两点和对方沟通。我觉得把握主要矛盾很重要，抓准主要矛盾，就围绕它全面、系统、充分阐述，而且可以不断反复强调，这样似乎比较能说服其他人。"

"沟通的后续环节，你还会做什么?"馨菊决心打破砂锅问到底。

侯刚右手手掌微握，放到下巴下，边思索边说："我如果在沟通中和对方达成共识，说明双方各要做什么，就是双方的责任，我会马上去做，甚至一离开对方的办公室就去打电话落实，或者安排下属去做。有时就 10 分钟，对方就会收到我的进展反馈，对方很诧异，说我的执行力很强，然后他也会被感染而加快己方工作的落实。"

"立即行动，这个特点在你身上体现得很明显。"馨菊总结道。

"行动力是最好的领导力，你用行动去说话，身边的人也会被影响，也会被推动起来。"

谈到这里，馨菊觉得基本把握了侯刚的领导力的来源。其实，这几点都很简单，但做到并不容易。另外，侯刚身上有些特质与我们平时理解的领导力不太一样，以往我们通常觉得领导力一定是比较强势甚至咄咄逼人，给人以压力，但侯刚却体现出一种"柔软"的领导力，潜移默化中就把对方"征服"。

7. 让你做过的事情留下思考的痕迹

医药事业部 HRBP 依芸接到总部人力资源部关于员工调级调薪的任务，她组织业务部门经营班子进行评审，依芸直接把从总部发来的人员信息放到事业部经营管理例会上评审。

在评审的过程中，由于信息没有经过系统梳理，评审得很费劲，这个信息没有，那个信息要确认，而且没有想好评审讨论的思路、现场讨论评审的逻辑与步骤。结果事业部部长对依芸说："准备得太差了，不评了，你先多请教一下负责薪酬的同事，下次我们再评审。"

会上的领导迅速退场，留下依芸孤零零地待在会议室，心里酸酸的。领导最后扔下的那句话分明是对自己的批评，但批评太直接了，还在这么多人的面前，依芸觉得很受伤。

她找到负责薪酬的同事冬梅，冬梅人一向很好，看到依芸愁云惨淡的样子，关切地问发生了什么事。依芸把事情始末向冬梅说了一下，冬梅嗔怪地瞪了她一眼："你还敢直接拿我发给你的表格上会评审？难免会挨批，你要把会上领导可能想到的问题提前想到，先预设好评审的思路，把各种预案都想好，才能上会评审。"

看到依芸沮丧的样子，冬梅拍拍她的肩膀："好啦，别一副苦瓜脸了，事情过去了，相信领导也不会放在心上的，你自己吸取教训就可以。这就是你和领导沟通的关键时刻，这样的关键时刻其实是不多的，但是非常重要，你以后要好好把握这样的关键时刻。"

依芸眉头稍微舒展了一些："我知道了，你就教我怎么做吧。"

冬梅告诉她，首先，在上会评审前一定要对数据进行加工整理，并想好评审逻辑，比如先评审管理者，然后评审小团队负责人，再评审骨干员工，最后评审普通员工。这样分类评审比较清晰，按照岗位重要性来做，层次也比较清晰。

其次，要事先收集好足够的信息，比如这些人的近期绩效结果信息、调薪信息、晋升情况、近两年正负面的关键事件。另外，在给经营班子评审前，可以先收集其主管的初步意见及对其下属的评价与排序。

由于各项数据与信息众多，没有一个统一维度计算出一个统一指标来衡量这些人的优先情况，所以先把所有的相关影响因素折换成数据，最后用一个公式算出一个总分，这个总分就是一个给领导评审的参考标准。最不好的情况就是没有任何标准参考，领导用大量的时间在会议现场讨论标准，这样领导会很恼火。

另外，要先按公司的要求设好公式，现场调整数据后可以自动生成结果，比如调薪包是否符合要求、不同部门或层级的员工调薪有没有达到要求。这样把过程的讨论与决策和最终结果形成一个链接。

冬梅说："你要对 Excel 运用自如，这里面有很多技巧，需要专门学习，这个很影响会议的效率。你要熟用，这些基本功能会让领导对你表现加分。”

……

经过冬梅的“套路”传授，依芸豁然开朗，也理解了为什么领导对自己这次表现不满意：“原来开会还有这么多窍门，这次真是长见识了，你真厉害！”

“这些经验都是在一次次被骂中锤炼出来的，一分汗水一分甜啊。”

“要记住，要多动脑子，每一件经过你手头的事情都要留下思考的痕迹，体现出你独特的价值。”

8. 提升与业务部门对决的能力

IT 事业部 HRBP 凌峰在与销售团队沟通时，感觉他们比较难对付。销售团队的业务主管包括员工都喜欢提出质疑与挑战性的问题，在 HR 工作执行上也会打折扣。相反，他们提出很多个性化的诉求，有些甚至是过分的要求。

凌峰感到很困扰，向哲涛求助，哲涛深入了解情况后，帮助他分析："业务部门提出各种各样的诉求，也许他们在业务工作中出现的问题很多，由此把很多问题迁移到 HR 工作中，延伸出对 HR 工作的多种诉求。其实有些工作是部门管理的原因，比如部门分工不明确、职责不清晰、沟通不充分、授权不够等。这时候我们 HRBP 需要辅导业务主管做好部门的管理工作。"

"另外，你也要对问题进行梳理和分析，属于你工作范围内没做到位的事情，要帮助业务部门及时解决，但要分清楚主次。有些事情你是不能去做的，比如业务部门把一些叫'外卖、打盒饭'的事情当作 HRBP 的例行工作，这就不合适了。"

哲涛建议 HRBP 不能一味地对业务部门的诉求"全盘照收"，要有一定的对决能力，为什么需要对决，哲涛是这么解释的："一方面，让问题正确归位。只有对决了才知道问题根本原因，应该由谁解决，HRBP不能解决所有的问题，业务部门的人力资源管理第一责任就是业务主管，业务主管应该承担起相应的责任。”

“另一方面，和业务部门对决也有利于提升HRBP的务能力、HR专业能力、独立思考能力，帮助HRBP自身获得更好的成长。”

哲涛的建议让凌峰觉得非常受益，他说：“你说得对，我确实不能被业务部门牵着鼻子走，而应该有所行动，这样反而能与业务部门形成一定角度的合力，使工作朝着更加合理的方向走下去。”

十二、HRBP 的高级能力修炼（二）

1. 适应跳跃式、 非线性的做事方式

哲涛看到一些从 HR COE 转为 HRBP 的同事，还是按照 COE 的方式工作，每天列好要做的工作清单，一件件去解决，不分大小。要做一件事情要思前想后，等到条件成熟或者充分论证后才去做，说到底就是一个字——“稳”，这种工作风格已不能满足业务需要。

哲涛有时交代一件事情给某 HRBP，需要等好长时间才回复，有时哲涛等得不耐烦了只能主动问。他看到 HRBP 90% 以上的时间只坐在座位上，沟通方式主要是邮件，偶尔打几个电话，当面沟通更少，很少跑到其他楼层去做当面沟通，甚至同一层楼十几米远的座位都不愿意走过去当面沟通，什么都是按照流程一步步推进，就像“排雷”一样，脚下没有雷才往前走一步。

哲涛认为，他们的工作方式难以适应业务部门的需求，业务部门希望能快速推动与解决问题。首先反应要快，要有一跃而起的能量，要做最能给业务提供或创造价值的人员。能用业务的语言与业务部门“打成一片”，而不是专家甚至学究式的 HR，因为距离远了就难以成为“伙伴”的关系。你不能按自己的节奏做事，要按照业务部门的节奏做事。

于是，哲涛和所有的 HRBP 开了一个座谈会，通过自己以前

做 HRBP 的成功经验，介绍了 HRBP 应该具备哪些工作风格。

第一，强调突破重点工作的能力，把握重点的能力。什么是重点工作？并非业务主管或员工找你紧急解决的事情是重点工作，重点工作是在听取与收集了业务部门的诉求，结合对业务部门痛点的分析，主动规划出来的。所以，重点工作是主动做的事情，是有明确价值牵引的，是一种“进攻”性主动姿态的工作，而非被动防守型的姿态。

第二，把握好工作节奏的能力，就像踩点一样，要在适合的时候踩到合适的步点上。那么，如何判断这个合适的步点呢？要从组织与业务价值导向出发，符合组织价值导向、业务价值导向的事情节奏，就是合适的步点或节奏。所以，HRBP 要用心感受业务的脉搏与步点，要和业务同步或略超前于业务，要和业务踩着同一个节奏，而不是乱了节奏，或跟不上业务的节奏。

第三，主动、持续、走动式推动的能力。要持续给业务一种被推动感。这种推动感会给业务主管留下良好的印象，认为你是提前了解或满足了业务的需求。

第四，做事情不能过于按部就班、系统推进。在某些机制建设的事情上可以用这种系统推进的线性方法做，但业务很多情况是非线性的，这就要求 HRBP 也用非线性的思维与方法来做事，甚至是跳跃式的方法来做事，在时间、空间上进行错位的多角色的切换。

如果说 HR COE 的工作更像是“阵地战”，而 HRBP 的工作更像是“游击战”，HRBP 需要积极主动地迎接这种转变。

2. 发起项目、 运营项目的能力

地产事业部 HRBP 文盛提着两杯星巴克咖啡过来找哲涛，递给哲涛一杯他喜欢的摩卡咖啡，说有事沟通。

哲涛开玩笑地说："拿人手短，吃人嘴软。你不先说事情，我不敢喝啊!"

文盛憨厚地笑了笑，说："我最近发起了一项工作，针对事业部内对销售人员管理不规范、人员流失严重的情况，准备成立一个项目组，采取相应措施进行改进，做好销售人员的管理、激励和保留。我过来是征求你的意见，并邀请你作为项目 Sponsor (赞助人)，有需要的时候可以及时向你求助。"

哲涛欣然应允，并充分肯定了文盛的项目运作方式，说："项目是体现价值的最好方式，它是脱离于一般常规性工作之外的，能够产生额外价值的运作方式。HRBP 要更好地发挥自身价值，一定要学会发起项目及运营项目。"

哲涛又和文盛讲了 HR 部门做的很多对业务有价值的事情，都是通过项目运作的方式达到的，比如高端人才的获取与融入、新干部上岗能力提升、人力效率的提升、基层管理者的能力建设等。

哲涛说："HRBP 要学会从日常的 HR 流程运营中发现问题，然后选定对业务真正有价值的问题，发起项目、整合资源，并做好项目运营。但是发起项目前，一定要先赢得相关利益方、参与方的支持，让他们充分认识到发起这个项目的意义与价值，再正式发起项目。另外，运营与管理项目是很讲究方法的，我建议你好好学习项目管理知识。"

3. 往下打深一层，往前多走一步

文盛和哲涛说销售部门离职率高时，哲涛问了他不少问题，比如：

- 离职率与去年对比情况怎么样?
- 销售部门离职率与其他部门对比情况怎么样?
- 离职人员的分布如何（职级分布、职位分布、男女分布、时间分布等)?
- 员工离职的具体原因是什么？包括员工反馈的原因、业务主管反馈的原因。
- HRBP 有没有和员工做离职访谈?

文盛对这些问题没有准备，支支吾吾答不上来，只是笼统地说了一些自己的观点。哲涛说："可以看出，在这项工作上你做得还不够扎实，还是浮在面上。"

"要真正把事情做好，就不能停留在浅层问题上，要深入往下挖一两层，找到最底层、最根本的真实原因，并且有数据支撑。这样你才能抓住问题的要害，才能提出有针对性的解决方案。"

文盛的脸红了："领导，你说得对。很多时候我脑子里产生什么观点，就马上找领导沟通，结果领导细问的时候，我发现自己考虑问题还不够周全、不够深，也没有掌握足够的事实与数据支撑，你提醒得很对，在这方面我确实要做得更扎实才行。"

哲涛说："给你一个建议，你去找领导沟通时，一定要先设想领导会提出什么问题，就先给自己提问，自己回答。如果回答不上来就去了解和准备，自己觉得没问题、有把握了再去沟通。这样和领导沟通的效果会更好，更容易获得领导的支持。"

4. 忘掉干扰因素，思考业务本质

文盛顺便还提及最近在招聘工作中碰到的一个问题，征求哲涛的意见。

最近文盛向业务主管推荐了一个销售经理岗位的候选人，这个候选人条件非常不错，业务主管面试也通过了。这个候选人由于原来所在的行业、企业薪酬比较低，所以提出的期望薪酬也比这个岗位的薪酬水平低，甚至比销售团队的大部分人薪酬都低，但他的经验与能力属于销售团队中上水平。

文盛和业务主管担心如果按照他的期望来定薪，担心他入职后发现自己的薪酬几乎是团队最低的，会很挫伤他的工作积极性，另外这样对他也不公平。但是如果给他这个岗位对应的薪酬水平，又觉得没有为公司节省成本，因为公司要求在给候选人定薪时要注意成本的控制。

哲涛介绍了自己在碰到一些棘手问题的时候，通常提醒自己先“清空”，抛开所有的干扰因素，比如公司的管理规定、自己的本位主义、个人的情感因素等，而回到“原点”，思考事情的本质是什么、应该如何处理。

哲涛说：“比如这个事情的本质就是候选人能力的市场价值

为多少的问题，他的能力水平处于人才市场上销售经理的什么水平，以及内部销售团队中的什么水平，你就应该给他相应的薪酬。”

“当你确定了事情的本质之后，你再把一些其他因素考虑进来做一些综合的平衡。比如，公司建议给新员工定薪偏紧的原则，另外他还有试用期，也需要适应新的工作，融入新的团队，这都有一个过程……就可以在岗位层级相应薪酬的基础上做适当的下调。这样既激励了这个候选人，又考虑了公司内部的约束因素。”

文盛听了，觉得这种思考方法很实用：“忘掉干扰因素，回归业务本质。这个思维方法真好，很实用!”

5. 把原始数据信息列出来，就能找到需要的答案

房地产行业近期经营不好，特别是一些区域的项目亏损，事业部总经理想找一下项目人员方面的原因，于是委托 HRBP 文盛做分析。

文盛开始不知从何入手，后来他就想了一个“土办法”，列出项目中的关键岗位，然后把这些岗位上的人在当地相关项目的经验罗列出来。

在不断罗列的过程中，发现了问题所在。原来项目组关键岗位上人员在当地的任期，以及做过同类型项目的时间长短，与项目最终的盈利情况存在较强的相关性。在当地工作时间越久，同类型项目做得越多，对经营的影响越大。

还有一次，文盛发现自己统计的数据和公司总部提供的地产事业部的数据不一致，不知道问题出在哪里。他分析可能是数据导出的时间问题，或者不同系统导出的数据不一样，或者导出数据的维度不一样，分析了半天也没结论。最后他又采取了“土办法”，就是把两份数据中有差异的人一个个列出来、点清楚，在清点的过程中逐渐看到问题，原来是数据导出维度的原因，总部提供的数据没有包含一个相对独立的产品线的人数。

文盛得到一个经验，呈现最原始的数据与事实，是很好地发现问题的方式。当你对一些问题一筹莫展的时候，就让自己沉下心来，梳理出最原始的事实与数据，也许你就能从中找到问题的答案。

6. 先侦察环境和人，是情商高的表现

最近哲涛组织了一个会议，涉及总部行业管理部门与地产事业部的批量人员切换事宜，参与者有部分行业管理部的业务主管、房地产事业部的业务主管，以及房地产事业部 HRBP 文盛。

这次会议的议题有些争议，就是总部的地产行业部门由于职能与工作范围发生变化，需要缩减编制，并把一部分人员划拨到房地产事业部。双方对划拨的人数在高层会议上已有定论并有签发的文件支撑，但在具体划拨的人选上有着较大的分歧。

一方面是行业管理部把最好的人留在自己的部门，倾向于把一些资历较浅的、绩效一般或不好的人员给事业部。地产公司则有相反的想法，就是把好的员工拉到自己的队伍里，他们平时在工作的接触中，发现了一些不错的员工，有的已经在心里盘算着，有的也私底下沟通过，有的也比较愿意到一线锻炼的。

在会上，文盛发现很多业务主管不认识，也不太在意，反正就事论事而已。刚开始的时候，哲涛代表公司讲了指导原则，要求在新旧部门的业务需求、岗位缺口，以及人员的经验等方面综合考虑，双方协商解决。

恰好地产公司总经理临时有其他重要会议，委托文盛参加会

议。文盛先讲了地产公司的诉求，要求把一些优秀的员工调拨给一线，并理直气壮地说明自己的理由。与文盛一起的一位业务主管和文盛站在同一战线，提出自己看上的几个人员。他明确而直接地表态，没有一点回旋余地，现场地产行业管理部的主管脸上挂不住了，然后旗帜鲜明地亮出自己的观点，寸步不让。结果双方唇枪舌剑了几个回合，现场弥漫着一股硝烟味，僵持不下。

哲涛有点措手不及，试着协调平衡双方的诉求，取个折中的意见，但这个时候现场气氛已经比较紧张，双方都不愿意退步。哲涛只好说："今天先讨论到这里，主要是双方先通一下气，了解对方的诉求，后面我们再分别与两个部门主管沟通，定个大家认同的原则，再请大家进行第二轮沟通。"会议就这样没有结果、在不甚愉快的气氛中扫兴收场。

在会议室门口，哲涛对文盛说："你先到我办公室来一下。"哲涛很平静，但文盛分明感到哲涛有不满的情绪。

哲涛关上办公室的门，带着几分火气对文盛说："你表达意见前怎么不先看看和你沟通的对象是谁，是地产行业管理部的部长，和你们地产事业部总经理同级的干部，本来应该是你们总经理来和他沟通的。你倒好，一开始不先做一些铺垫，直接表态，把自己的底线摆出来，气氛一开始就变得紧张，等于给后面的沟通定了调，搞得双方都没回旋余地。"

这么一说，文盛似乎也感觉到自己的沟通方式有问题，一开始就没处理好。他挠挠头说："我没有注意到对方的角色和身份，只想着自己的诉求和意见，所以不假思索地脱口而出了。"

"你啊，要注意提高一下情商。什么是情商？就是在沟通前先侦查环境，探清楚沟通对象的身份和角色，甚至对方的性情脾气，以及参与沟通各方的权力关系，然后再逐步放出气球去沟通，看看风向，逐步亮出你的观点，在摸索中逐步前进。”

“你要学习一样东西，就是水。水很柔软，却懂得顺着易行之道曲折前进，最后到达自己想要到达的目的地。”

文盛有点懊恼，低头自责了好一会儿，然后抬头说：“那么，领导，我现场应该怎么沟通呢？”

哲涛说：“其实在这个会上，你和对方的身份是不对等的，你可以先和对方致歉，说事业部总经理不能来，你代他说声抱歉，并说明双方的共同目标，就是更好地支撑公司业务发展、更好地发挥员工的优势，优化资源配置的原则，双方在友好沟通的基础上，一起探讨解决方案。你可以请对方先说，然后你再说，以显得对对方的尊重。”

“等对方说完以后，你可以适当表达你们的意愿，但是不要把话说死，要留有余地，双方有不同意见的有所保留，继续沟通。重要的是，你的领导不在，你不要现场做决定，可以表达自己的意见，以及收集对方意见，回去向领导沟通后再给出反馈，并保持与对方的持续沟通。这样才能把这盘棋下活。”

文盛对哲涛的洞悉形势与事理深感佩服，原来情商高的人是这样处理问题的。

“送你一句话，‘世事洞明皆学问，人情练达即文章’。你要好好修炼才是。”哲涛最后对文盛说。文盛带着几分感激说：“今天你给我上了深刻的一课，先关注人，再关注事，我记住了。”

7. HRBP 要学会"套话"

通过开会的事情，文盛得到比较深刻的教训，他平时就属于做事认真严肃的类型，谈事就认真地谈事。

有一次，他和 IT 事业部 HRBP 凌峰在饭堂吃饭，碰到 IT 事业部的一位主管。凌峰很热情地和这位主管聊天，然后不经意地提到工作上的事情，而且是以调侃的方式提出，结果引出了不少平时听不到的关于部门与员工的信息。

文盛觉得很有意思，没想到闲聊也这么有用，而且对方浑然不觉，很自然地把一些对 HRBP 有参考价值的信息说了出来。凌峰显然是用了心的，是有意无意间地"套话"。

吃完饭后，文盛和凌峰分享了自己的感受，凌峰说："你挺有悟性的，确实如此，很多时候，在正式的办公场合，业务主管和员工不愿意说出的信息，在其他场合反而愿意说。"

"所以，我们和员工、主管沟通时，需要在聊天中、在各种场景下的沟通中，'套'出我们需要的信息，以便更好地掌控与把握环境。"

文盛哈哈一笑："原来'套话'也是 HRBP 的一项技能啊！"

8. 与业务部门 “打成一片”

文盛为了进一步了解凌峰平时是如何与业务部门沟通的，吃过午饭后，他和凌峰一起走到 IT 事业部的办公区，希望凌峰能介绍更多的经验给他。

凌峰的桌子上摆着几张他和业务部门员工的合照，有一张是团队获奖的照片，还有一张是在足球场边踢球的照片，另外一张是他和业务部门聚餐时的合照。

凌峰这时没有和他说多少经验，只是打开计算机给他看照片，没想到计算机里的照片非常丰富，都是他和员工在一起的各种场景的照片。有开会现场的、生日会的、晚上熬夜加班的、一起拜访客户的、一线考察的、运动会的、聚餐的……看到这些照片，一个鲜明的印象进入文盛的脑海：“这是一个和业务部门‘打成一片’的 HRBP，已经完全融入业务部门，真正成为团队的一员了。”

这时，凌峰告诉他，只有和业务部门“打成一片”“混在一块”，才会真正懂他们。这两年里，他和业务部门的主管、同事一起品尝酸甜苦辣，一同挥洒汗水，面对困难、战胜困难，分享成功的快乐，共担失败的压力。然后真正与业务部门有了共同的情感基础、共同的语言，得到业务部门的接纳和认同，大家在一起既能嬉笑怒骂，又能并肩作战，形成一种兄弟的情谊。

听完凌峰的讲述，文盛感慨自己要做的事情还很多：“路漫漫其修远兮，吾将上下而求索。”但是有了方向就不怕路远，“千里之行，始于足下”，回到事业部后他知道该怎么做了。

十三、HRBP 如何给业务创造更大的价值

1. 做事情要先考虑与业务的连接是什么

哲涛近期召集公司所有 HRBP 开了一个座谈会，提到自己最近发现的问题，就是 HRBP 在开展工作时，往往只是把它作为一项 HR 工作去做，没有考虑到这件事情与业务的关联是什么，比如这件事情能够帮助业务达成什么目标、产生什么价值。

哲涛这个开场，引起了 HRBP 们的共鸣。

家电事业部 HRBP 韵诗说："我也发现了这个问题，我一心只想完成自己的工作，完成自己的 KPI，结果推动业务部门不断反馈我们的表格，导致业务部门难以对我们的工作产生好感。HR 工作就变成了给业务部门增加负担的工作、额外的工作，所以业务部门会拒绝或抗拒做这些 HR'硬加'给他们的工作。"

地产事业部 HRBP 文盛举手表示赞同，他说："如果我们能够把这件事情换个角度去思考，寻找这件事情与业务的连接点及背后的价值，然后基于这种连接点去和业务主管沟通，就能起到较好的效果。"

其他的 HRBP 也纷纷发言，大家逐渐达成了一个共识，就是 HRBP 要主动、积极寻找 HR 工作与业务的连接，并且在与业务部门沟通的过程中运用这种连接点，让业务主管、员工更好地理解 HR 工作的意义，以及带给他们的价值。

哲涛对大家的讨论效果比较满意，他做了一个简要的总结："如果你的声音业务部门不重视，那是因为你离业务不够近，不能站在他的角度思考问题。"

2. 对公司组织结构与经营数据烂熟于心

哲涛观察到 HRBP 们不关注业务、不关注公司经营的现象，现场的 HRBP 们露出不是完全认可的神情。

哲涛突然问几个 HRBP 他们的事业部今年的销售收入、利润的目标及目前完成的情况，几个 HRBP 都不能快速、准确地说出来。

哲涛笑着说："说你们不关注业务，你们还不接受？来人，每人打三十大板……"大伙一听，哄堂大笑。

等大伙儿安静下来后，哲涛说："我想了一个法子，让大家加速在这方面取得突破，我要求你们每个人都能画出公司及所在事业部的组织结构图，包括每一层部门。"

"另外，我会列出一个经营数据的清单（比如，全年/半年/季度的销售收入、利润、增长率，各部门员工人数及层级等分布，入职与离职人数，调入与调出人数等），要求了然于心，我会在例会及与 HRBP 日常工作沟通时不定期地抽查提问。"

"哗！"大家顿时觉得压力很大。

哲涛笑着说："先别急，这只是第一步，还有第二步。"

哲涛进一步要求 HRBP 要懂战略、懂业务，不仅要记住业务数据，还要学会从业务数据中看出问题，联想到与人力资源的关系。

哲涛解释道：“为什么有这样高的要求呢？因为人力资源要根据经营制定相应的策略，有的要先于业务的步伐，有的可以晚于业务步伐，根据需要而定。比如，经营数据不好，进人减缓、停止，甚至减人，业务好有增长的就要提前做好人才的储备等。”

3. 尝到洞悉 HR 政策的“甜头”

会上，职能部门 HRBP 馨菊提到，经常接到业务主管对业务中的某些政策进行咨询，比如，组织调整、招聘调动、调薪、绩效管理甚至考勤的政策。开始时很多问题都回答不上来，因为在自己碰到相关的问题或别人问到她的时候，她才去寻找相关的政策文件或者问相关的 COE（专家中心）同事。

馨菊不能立即回答业务主管的问题，明显感觉到对方的失望，脸上显出对自己专业性的怀疑，内心的感受很不好，但日常自己的工作也非常忙，很难抽出时间来学习政策。

哲涛接上馨菊的话头说：“我已经听到好几个业务主管反映我们的 HRBP 对政策不熟悉，咨询问题时一问三不知，不能现场回答，经常要再去问 HR COE 或者干脆让员工自己去问，员工和业务主管的感知很不好。如果我们连业务主管的一些基本政策都解答不了，不能帮助他们解决眼前的一些问题，那么如何能够给他们提供更高层次的价值呢?”

哲涛又做了自我批评：“其实我自己对政策都不够熟悉，这方面我和大家一起学习和提高。我认为对 HRBP 的基本要求就是要懂政策。一个 HRBP 上岗，先要过政策关，要先学习政策，通过考试才能上岗。”

凌峰说：“我们能不能搞一个 HRBP 必懂的政策清单，并汇编所有的人力资源相关政策，让所有的 HRBP 在一个月内完成所有的学习并通过考试，甚至还可以搞一个政策知识竞赛，形成‘人人学政策、人人懂政策’的氛围。”

韵诗呼应道：“是啊，以后我们碰到对方，就相互抽查对方的政策掌握程度。”

“这个方法好！”馨菊举手赞同，“我没问题！”

其他 HRBP 也纷纷举手表示赞同，大家众志成城。

在接下来的几周里，大家都看到各位 HRBP 桌面上摆着一叠厚厚的 HR 政策汇编，他们只要有空就会翻看这份政策汇编，扫除自己的政策盲区。

慢慢地，大家发现，在很多情况下，员工或业务主管咨询问题时，自己可以很快联想到学习过的政策并给予解答，底气也增强了。有时在和同事讨论问题时，自己可以“引经据典”，提出这个问题在哪个政策的什么条款可以得到解释，大家都投来赞赏的目光。原来懂政策让人这么有自信，这其实是 HRBP 体现自身专业性的重要方面。

4. 帮业务主管找到问题所在

公司正在开展绩效考核，行政部部长吴君的绩效考核结果一直没有提交上来，职能部门 HRBP 馨菊很焦急，连续催了好几次。吴君连声说：“好的，好的，很快，很快!”但一直没把结果提交上来。

当哲涛问起绩效管理工作进展时，馨菊摇着头叹息：“唉，都是行政部拖的后腿。”

哲涛接着问：“你具体了解过是什么原因吗?”

“那还用问，肯定说事情忙呗!”

“不一定吧。你是怎么问的。”

“就问绩效考核结果评出来了没有。”

“你这样给业务主管的感觉就是催收任务。业务部门不反馈或晚反馈，一般都会有特殊原因，你要深入了解其问题症结在哪里，然后帮助他们解决，这个过程也是辅导业务主管的过程。”

馨菊半信半疑，但还是敲开了吴君办公室的门，她一见到馨菊，马上说：“你是来要绩效结果的吧，你先等等，我马上反馈。”

馨菊说：“我找你主要是看看你碰到了什么困难，我能不能给你提供支持。”

吴君眼神里透露出一丝诧异，叹了一口气说：“由于你们是强制性比例的，有两个人的绩效结果很难打出来，我一直犹豫不决，手心手背都是肉。我们部门有两个核心骨干，风格和产出维度不一样，我不能确定给谁更好的绩效结果。”

接着吴君介绍了两位骨干李龙和陈露的情况。李龙是典型的社交型员工，目标很明确，领导关注什么就做什么，领导不关注的就不做或能推则推，很会宣传，走上层路线，嘴巴极甜，能把握好与领导接触的关键时刻。然后自己做的大小事情，喜欢经常发简报进行宣传造势和“表功”，让领导看到自己所做的大小事情。而对其他部门或同事求助的事情则能推就推，能不做就不做。所以，看上去他的工作很有成效，做了很多事情，实际上很多工作是形式上的，给一线部门带来增值的东西非常少，没有帮业务部门解决问题。因为他比较喜欢“甩锅”，沟通以后发现他把工作转给了其他人，导致业务主管与员工都不找他，反而找他的下属或者其他模块的同事。

另一个骨干员工陈露，比较实在，能满足相应一线及其他部门的需求，服务态度也很好，做了很多实实在在的事情。而她由于过于专注工作，不太会琢磨领导意图，不会走上层路线。所以工作做了很多，缺少包装与呈现，她的主管包括隔层主管都看不到她的工作，而一线部门却很认可她，认为她能够反馈他们的诉求，帮助他们解决问题。

李龙总是有意无意地给领导传递信息，他是部门最好的，有意识地贬低陈露，暗示应该给他优秀的绩效结果。总之，他做的事情或他对下属做的事情都是好的，其他人做的工作不如他及他的团队。

对于李龙，如果不给他优秀的绩效，部门主管吴君是有压力的，而李龙也信心满满，因为他已经做了足够的铺垫与呈现工作，势在必得。对于陈露，专注于工作，只想着怎么把工作做好，对于绩效并没有那么关注，那么，就应该让老实人吃亏吗？吴君左右为难，把反馈绩效结果的事情一拖再拖。

听完吴君的介绍，馨菊心里暗暗懊悔为什么不早一点来找吴君沟通，其实吴君提到的问题很普遍，就是对于绩效的定义与标准不明确。

于是她对吴君说："你可以从两个方面来看：一是员工是否完成了绩效目标，也就是绩效周期内的重点工作，就是和他自己的目标比，这是绝对的标准；二是看这两个人的岗位价值与贡献，谁对部门 KPI 的贡献更大。绩效是为客户创造价值的，包括外部和内部的客户。

"绩效不是比谁的简报发得多，谁获得的点赞多，很多是表面上的工夫。要看谁给内外部创造的价值更大，特别是基于其所在的岗位而言。"

吴君说："你这么说我就清楚多了，我一直纠结于给谁更好的绩效结果，他们的接受度更好一些，不会进行投诉，其实这样是不好的。我要明确绩效考评的标准，这才是最重要的。"

"是啊，你首先要知道每个绩效等级的标准，然后对照这个标准进行客观的绩效评价。这样，在任何员工对绩效结果有质疑时才能有理有据，才能站得住，有信心面对员工的质疑。"

"我还有一个问题，就是虽然你们给了我们部门绩效比例的分配，比如评价等级为 A 的比例，可我觉得部门内已经没有符合达到评为 A 的员工了，但不用完这个名额又觉得有点亏。"

馨菊心里知道她这样想不对，但不好一下子否定她，还是通过引导来实现。“其实绩效评价结果，传递给员工的是一个强烈的管理导向或信号，员工会按照你树立的标杆作为参照的对象。如果你把不合适的人树立为标杆，很可能起到的是负面导向和消极影响。所以，对于 A，我建议宁缺毋滥。”

“你说得对，你今天和我具体针对一些问题和场景沟通，我就清楚多了，困惑都解除了。如果你早点和我沟通就好了，我也不会苦恼这么久。”

馨菊觉得很不好意思：“其实是我的问题，我应该一早找你沟通的，以前我一直是在催促你完成任务，没有通过深入沟通帮助你解决问题，你也给我上了很好的一课，以后我会改进工作方法的。”

5. 不看数据单靠直觉是不可靠的

每年公司都会做绩效管理成熟度调查，看各部门的绩效管理工作有没有改进。

今年医药事业部的绩效成熟度调查分数特别低，哲涛打电话问医药事业部 HRBP 依芸绩效管理成熟度调查差的原因。依芸没准备，就说是事业部经营差，减人比较多，士气不好。

哲涛说："我问你的是绩效管理工作方面的问题，不是问组织气氛的问题。你要先去看调查的数据，用数据来说话，单靠直觉是不行的，一定要加上数据分析。"

依芸知道自己刚才的回答是没有依据支撑的，她赶紧把数据提取出来，仔细分析了自己事业部与公司整体、其他事业部的总体分数对比、单项分数对比，然后看事业部内各下层部门各项分数的高低，从而分析哪些部门拖了"后腿"；接着看哪些主管的绩效调查分数比较低，又分析打分低的员工的分布（如层级、性别、不同绩效结果的人群）；最后还访谈绩效调查好的与不好的部门主管，和他们一起分析背后的原因。

当依芸把调查结果提交给哲涛并做了专项报告之后，哲涛对报告内容很满意，他对依芸说："无论做什么事情都不能单靠直觉，一定要做数据分析与事实收集，要在此基础上做出合理的推理与判断。”

所以，对问题可以做假设，但一定要考虑需要什么数据可以支撑这个假设，然后圈定数据范围、收集数据并分析数据，再看数据能否支撑假设的成立。如果不行，还要重新圈定数据范围，进入另一个循环，直至其能支撑决策。

6. 选择两个“样板点”参与进去

一天早晨，IT 事业部 HRBP 凌峰在吃早餐的时候，刚好碰到事业部总经理马胜在同一桌吃饭，马胜向凌峰问起最近在忙什么事情。凌峰说：“最近在忙新的一年各部门的绩效目标设定。”

马胜接着问：“你主要做什么事情呢？”

凌峰不假思索地说：“一方面，制定规则和流程，然后发给各部门，推动他们完成；另一方面，我会提前给各部门主管做培训赋能，让他们知道如何与下属沟通绩效目标、如何制定出高质量的目标。”

马胜喝了一口粥，停顿了一下说：“你觉得做了这些，业务部门就知道怎么做了吗？”

凌峰迟疑地说：“我想应该能吧，我把‘方法论’交给了他们。”

马胜摇摇头：“不见得，业务部门自己在做的时候还是会存在很多问题，他们可能还是不会做，或者做变形了。因为具体的业务场景和理论上有较大差距，比如，我们最近新设立的部门云计算业务部，这是新业务，又刚起步，如何给员工设定绩效目标，部门主管也很困惑。我认为，作为 HRBP，你要深入进去，和他们一起分析问题在哪里，端到端地帮助他们把这个部门和员工的绩效目标做出来。”

“哦，你的意思是我参与到业务部门具体的绩效指标设置过程中?”凌峰挠了挠头，感觉有点困惑，他已经习惯了从上面下发一个通知，告诉业务部门规则，做得好一点就是提供‘方法论’的材料，然后就坐等“收材料”。至于业务部门是怎么做的、做得怎么样，似乎都是业务部门的事，自己完成“收作业”的动作就可以了，“作业”里面的内容似乎与自己不相干。

马胜看着凌峰发呆的样子，笑笑说：“那我考考你，研发部主管的 KPI 是什么?”

凌峰哑口无言，他对此一直没有留心。

马胜脸上显出不满的神情，放下筷子：“这就可以看出来，你作为 HRBP，对业务还是不够关注，对一些细节的了解还是不够深入。”

“HRBP 最重要的价值，就是帮助业务部门把 HR 问题的解决方案做出来。如果你不深入业务，是不可能弄懂问题在哪里，业务究竟需要什么的。”

凌峰顿时汗颜：“对不起，我之前确实都浮在面上，没有深入进去。”

马胜拍拍他的肩膀：“现在还不晚，我给你一个建议，就是在推行任何政策、组织任何重要工作的时候，不要只停留在表面，要选择两个‘样板点’，自己参与进去，端到端、从头跟到尾，和业务部门一起把结果做出来。在其中，你一定要了解业务的细节，并和他们一起讨论，你可以提供‘方法论’，可以帮助他们做其中一部分。你既是教练，又是核心成员。”

“这样，你才能懂得其中的酸甜苦辣，知道问题的关键和难点在哪里，你提供的解决方案才是真正符合业务需要的。这才是对业务真正的价值。”

“为什么选择两个‘样板点’，而不是一个呢？就是让你有所对比，既能看到共性的问题，又能看到个性的问题。两组样本可以相互借鉴学习，会帮你把问题分析得更全面、更透彻。”

凌峰拍拍脑袋：“我懂了，接下来的绩效目标设定，我也要选择两个部门参与进去，辅导他们高质量地把目标做出来。我就选目前在绩效目标方面最可能有问题的部门——新成立的云计算部门，还有增设了新岗位的运营部，你看怎么样？”

马胜用拳头击了一下凌峰的手臂，哈哈一笑：“行，你学得挺快的嘛！”

7. 解决方案的价值大于产品的价值

凌峰接到运营部主管吴胜的求助，一个骨干员工提出离职，希望凌峰能够和该员工进行沟通并挽留他，部门可以给他调整工作岗位，以便发挥他的优势。但这位员工前期就因为离职的事情与吴胜闹得有点不愉快，所以碍于面子坚持要走。

由于凌峰和这位员工刚好是足球队的同事，一向称兄道弟，有着比较好的情感基础，加上他的“三寸不烂之舌”，很顺利地说服了该员工留在了本部门。凌峰很高兴地跑去和吴胜说已经搞定，吴胜非常感谢，但还想说什么的时候，凌峰就站起来要离开了。

吴胜赶紧喊住他：“哎……这件事情还没了吧，我觉得是不是我们讨论一下员工离职的深层原因，是否我们部门最近发生了什么，才导致员工离职，可能有管理漏洞，我可以改进我的管理工作啊。”

“噢……对对对，不好意思是我疏忽了，这个问题更重要，我们要避免下一个离职事件的出现。”

于是凌峰和吴胜坐下来仔细探讨，发现其中确实有不少部门存在着管理问题，比如，工作分工不合适、部门内员工搭配有待改进、绩效管理不到位、主管对员工缺少关心、组织氛围建设不够等……他们针对这些问题提出了一个综合的解决方案，并准备在后续几个月进行重点改进。

这件事情之后，凌峰总结了一个重要的道理，HRBP 不能只解决个案，还要通过个案看到更深层次的问题，提供综合解决方案。个案相当于产品，产品本身的价值是有限的，解决方案才是最有价值的。

8. 避免“一个人生病，全家吃药”

家电事业部 HRBP 韵诗让各业务部门推进某项目，但进展很不理想，业务部门积极性不高。但韵诗在分析这项工作时认为，有利于各部门把人力资源管理工作做得更加规范，业务部门实施了之后可以体会到好处，并且要求每个业务部门都要做。

在此过程中，越推进越困难，韵诗感到很困惑，就去找哲涛沟通。哲涛问道：“在我们开始做这项工作的时候，是否征求过‘一线’的意见，请他们评估一下做这项工作对他们有什么收益。”

韵诗挠挠头：“还真没有，这都是我们总部的部门想出来的，我们还请了外部咨询顾问公司帮助我们做了市场分析调研，了解业界有没有这么做，发现不少标杆企业都是这么做的。”

哲涛皱了皱眉头：“这是问题根源所在，我们要做一件事情，就按照总部的想法要求下去，就变成了一项任务，而完全没有考虑到‘一线’的感受和立场，特别是这件事情对他们是否真的有好处。我们应该让‘一线’去评估做这件事情对他们是否有收益、有什么收益、有什么风险、投入与回报比如何，让他们自己确定要不要做。如果这件事情确实对他们有收益，相信他们是有动力去做的。”

“很多时候，是我们把总部的诉求当作‘一线’的诉求，自己认为对他们好就强加给他们，就像家长对小孩一样，把家长的理想强加在小孩身上，其实他们是很难受的。因为我们认为他们需要的，他们不一定真的需要，或者不一定适合他们。”

“我们的工作要逐步走向一个方向，就是不要什么都搞‘一刀切’，‘一个人生病，全家吃药’，什么都搞整齐划一。这么做不仅成本大，还损害了‘一线’的积极性，把一种扭曲的需求强加给他们，但结果可能是——强扭的瓜不甜，没有真正起到总部对‘一线’的价值支撑作用，没有帮助他们提升工作效率与效益，反而给他们带来很多麻烦，增加了很多不增值的工作。”

韵诗豁然开朗：“我们是要让他们自己评估做这件事情对他们的价值与收益在哪里，然后对准这个收益开展工作。”

9. 教业务主管学会“弹钢琴”

哲涛在考察干部时，最常见的就是主管抱怨太忙，很多重要的事情都没办法去做，或抓得不深。于是，他们习惯性地要求加人，他们认为加人就可以解决忙的问题。

这时候哲涛都会问他们一个问题：“加了人，你认为就能解决问题，就会不忙了吗?”

被问的主管往往哑口无言，或者迟疑地说：“应该是吧。”

这时哲涛会说：“我看到过很多主管都有这样的诉求，忙的时候就要加人。结果加了人后，他们的忙碌程度并没有得到缓解，有的甚至更忙了。”

“那么，问题出在哪里呢?”业务主管问。

哲涛笑笑说：“就像弹钢琴一样，为了把钢琴弹好，手指头不是越多就弹得越好，而是十个手指头相互协调、有张有弛，做好轻重缓急的安排，才能弹奏出美妙的乐曲。如果不讲重点，十个手指头同时按下去，是什么样的效果相信你们也想象得到。”

“所以，主管的一个重要能力是把握事情节奏的能力，该重的时候重、该轻的时候轻、该快的时候快、该慢的时候慢。这个过程也要把握好你的受众的感受，让其有愉悦之感。”

十四、提升 HRBP 团队作战与单兵作战能力

1. 如何动员大家一起把事情做成

到年底了，公司开展人力资源战略规划，哲涛作为项目经理，各事业部的 HRBP 作为子项目经理。虽然之前给大家提供了培训，但很多 HRBP 都没做过人力资源战略规划工作，不知如何着手。于是请教哲涛，作为子项目经理，怎样动员各业务部门一起做这件事情?

哲涛把所有的 HRBP 召集在一起，根据自己前期做人力资源相关项目管理的经验，给 HRMP 们介绍了做一件项目性事情的关键路径:

第一步，充分收集资料，包括过去做过的材料、标杆企业的做法、其他部门做过的材料，然后浏览这些材料，并对材料进行必要的梳理分类。这一步的作用就是让自己对该项工作有全盘的了解与认识。

第二步，先总结出一套方法论，可以是很简单的路径图。这个路径图指导大家按照哪些步骤把这件事情做成，比如，目标是登到山顶，沿着哪条路线前进、可以分成几段路、每段路的里程碑是什么。

第三步，给大家赋能宣传，主要讲清楚做这项工作的背景与意义，接着讲方法论，同时结合例子来讲，并做好分工与计划。

第四步，项目过程管理，比如发简报、答疑解惑，这个阶段自己可以选择一两个试点深入进去，参与整个过程，确保自己对整个项目关键点与常见的问题胸中有数。

哲涛总结：采用这个路径，项目经理就能够提纲挈领，把项目性的事情一步步做成。这个过程，是不断动员项目成员的过程，要多鼓劲，多给项目成员资源与支持，帮助他们想办法解决问题，才能逐步把事情搞定。

2. 经常和领导“对标”

哲涛告诉大家，做好动员还不行，这只是向下落实工作，还需要经常往上对标，看看领导的意图，及时获得领导的反馈和支持。

哲涛说：“其实我把领导‘逼’得很紧，需要他配合的事情，我会跟得很紧，因为有时是领导那里耽误了项目的进展，把领导管理好很重要。”

韵诗问：“什么时候和领导对标比较合适，是初步成果出来的时候吗?”

哲涛说：“在开始做项目的阶段，对标越早越好、越频繁越好；定方向、定路径的时候，提前把方向、关键路径定好，后面就会事半功倍。如果前面沟通不到位，和领导的预期有偏差，就会‘差之毫厘，谬以千里’，白白浪费项目成员的时间，吃力不讨好。”

“所以，你们最近可以勤快一点，找我沟通、对标，我也会和 CEO 李健多沟通、对标的。出来一个基本的思路框架后，就可以过来和我沟通，就像一个房子搭了整体框架，暂时不需要填充砖头水泥，先让我过过眼，确认一下。我认为可以了，你们再往下走。”

大伙儿听了，觉得这种及时的对标，采用“前紧后松”的做法特别有用。

3. 经常问自己两个问题

哲涛做了 HRD 之后，同样也面临着工作上的困扰，除了集团牵头发起的几个重点工作外，来自不同事业部的 HRBP 反馈各种各样的问题也让哲涛觉得非常焦虑，似乎事情都很紧急、重要。而且每一件事情的解决似乎也是一个系统工程，在自己精力有限的情况下，如何快速有效地处理问题。

哲涛想起原领导徐亮做事总是有条不紊，手头的事情都能够比较好的得到解决，工作很有效果，他决定向徐亮取经。他感觉到，但凡这些厉害的人物都有一套处理事情的好方法，这正是他们持续取得成功的秘密。

哲涛某天中午邀请徐亮共进午餐，向他说出了自己的苦恼。徐亮听后沉思片刻，说："在如何有效处理工作方面，与其是工作方法，还不如说是如何管理自己注意力的问题，或者说是一种思维方式的问题。我认为，无论是 HRD 还是 HRBP，都需要学会这种思维方式。"

哲涛听后更有兴趣了，究竟徐亮有什么秘密武器。徐亮看着哲涛求知若渴的表情，笑笑说："其实很简单，就是要经常问自己两个问题，形成这种习惯就可以了。"

“就两个问题，是什么问题这么神奇?”哲涛的好奇心进一步被调动起来。

徐亮说：“我时时刻刻都在问自己，对我来说，最重要的一件事情是什么。记住，是最重要的一件事情，不是多件事情，是唯一的。而这件事情的衡量，是从对于整个组织、业务部门所产生的意义的角度上讲的。”

“当我非要对手头的事情进行排序的时候，我就想起了集团总经理，他认为我手头的哪一件事情对他来说是最具有意义的。因为 HRD 就是公司总经理的 BP。由此，我就比较容易排序出最重要的事情。”

哲涛说：“是从你的客户角度思考，你最重要的一件事情是什么。”

徐亮点点头：“不错，这个问题不是只问一次，是问千千万万次，什么时候都要提醒自己。”

“那么，第二个问题是什么呢?”哲涛问道。

徐亮慢悠悠地说：“第二个问题是碰到棘手的事情，需要寻找解决方案的时候，我会问自己，这件事情最重要的矛盾是什么。也就是说，制约这件事情解决的最关键的问题或领域是什么。找到它，你就找到了问题的答案；找到它，你就有针对性地动手术，不要把面铺得太开，这样反而不聚焦，精力过于分散，问题反而不能很好地解决。”

“能不能举一个例子呢?”哲涛不太理解。

徐亮想了想说：“比如之前我发现公司在人才补充方面进展比较慢，到 4 月份，上半年的人才补充目标才完成了 30%，本来我考虑增开公司月度人才补充会议，让各部门 HRBP 参加。后来我就问自己影响这个目标完成的最主要的矛盾或最重要的因素是什么，分析后我发现，房地产事业部占所有人才补充量的比例超过40%，近半壁江山，而其他八九个部门才占了不到60%。恰恰就是房地产事业部完成得不理想，只有18%，这导致整体完成率的不理想。如果我把房地产事业部改进了，整体目标完成的问题就不大了。所以，我打消了召开全体会议的想法，改为只与房地产事业部开专项跟踪会议，这样精力就很集中，精确“手术”，做得质量也比较高。”

哲涛听后很是钦佩，感慨道：“找到真正的痛点，精确地进行“手术”，多好的办法！这一招太厉害了，简单，但不简单！”

徐亮说：“是啊，我用这个方法处理事情、解决问题，屡试不爽。现在我交给你一个任务，就是把这个方法学会，然后教给其他 HRBP。”

哲涛哈哈一笑：“这个没问题，到时能否请你现身说法呢?”徐亮高高举起右手，打出了一个“OK”的手势。

4. 随时与下属保持信息同步

哲涛发现徐亮还有一个很好的习惯，就是随时把他那个层面接触到的公司经营发展的新信息、来自业务部门的需求、行业人才报告或信息、好的工具模板等，甚至自己在参加公司各项会议中用手机拍下来的信息，也随时发给下属。有时是发送给小范围的几个直接下属，有时是发给全体 HR 同事。

哲涛从中得到启发，就是随时可以接收到公司各个层面的资讯，知道公司经营的情况、业务部门的需求、业务部门对 HR 的反馈、了解 HR 领域最新的信息与实践。

哲涛想，我们往往觉得下面的 HRBP 不行，做的事情不是自己希望他们做的，或者对做的质量与程度不满意，经常把这些归因于态度或能力问题。其实不尽然，很多时候，往往是他们的信息不足、视野不够、思维打不开的问题，因为他们所在的职位接触到的信息是有限的，他们难以超越目前的定位而有更高层次、更全面的思考。

要弥补这种差距，就要在平时不断给下属 HRBP 一些营养维生素，让他们在平时就能照到阳光，不缺钙，从而日渐成长、增强体魄，在关键的时候才能拉得出、顶得上、战得胜。格局与视野都是潜移默化的事情，必须潜移默化、耳濡目染，不能一蹴而就，让下属随时跟得上你的步伐，才不至于差距越来越大，关键时候才发现掉链子，积重难返。

后来哲涛也逐渐养成了一个习惯，他接收到信息时多了一个心眼，去想一想我能不能和其他 HRBP 分享。他知道，在帮助其他 HRBP 进步的同时，就是在帮助自己，其他 HRBP 的成功就是自己的成功。团队往前走才是自己最大的成就。

5. 让下属自己去搞定事情

职能部门 HRBP 馨菊因为和哲涛在同一层楼办公，一遇到推动困难的事情就请哲涛帮忙。哲涛感觉这种方式给了韵诗一个错觉，就是什么事情 HRD 都是她的依赖，稍微难一点的事情，就往上求助呼唤炮火支持，而自己并没有真正努力过，没有靠自己的力量去解决问题。

于是，哲涛决心培养馨菊独立工作的能力。有一天早上，当馨菊再次向他求助的时候，哲涛回复了一句话："什么时候，你才能不用我推动，自己把事情搞定?"馨菊一愣，心里似乎被刺了一下，马上蔫了下来，可能有点受伤。哲涛知道自己说这句话有点狠，但他知道这样才能让员工成长。

过了一会儿，馨菊才缓过劲儿来："好的，我先试着自己去推动解决。"她这时说话显然还不太自信。

没想到当天下午，馨菊就高兴地给哲涛发了一个信息："我已经把事情搞定了，谢谢领导!"哲涛心里掠过一丝成就感，下属成长是最让他开心的事情。

最近，哲涛看到一段话，是一家上市公司的董事长写的，他非常认可，认为这也体现了自己的管理理念，就是主管的责任不是让员工高兴，而是让员工成长，让员工通过成长及给公司做出贡献，获得更多的认可与更好的收入。

将军的责任不是让士兵喜欢而是让士兵在战场上歼灭敌人活着回家！管理者的责任不是让员工喜欢而是逼迫员工成长让员工获得更多的认可，更高的收入、更好的生活！一个员工责任不是恭维领导而是拿出你的实际行动完成目标，不需要让领导天天催着你、哄着你!!

6. 挪动一子，满盘皆活

最近 HR 部门的薪酬管理 COE 冬梅由于家庭要搬迁到另一个城市，提出离职。这是一个重要岗位，所需的素质有一定特殊性，且要诚信与保密，很难找到人来代替，公司外部招聘了一段时间都没有合适的人选，HRBP 团队里也没有合适的人选，从业务部门面试了几个人也不合适，哲涛很是惆怅。

哲涛请教徐亮，老领导对团队情况很熟悉。徐亮听完情况，把头靠在椅背后面，闭着眼睛在思考。

徐亮突然睁开眼睛说："做绩效管理的同事李应龙不是做了三年绩效工作，说做这个模块有职业倦怠了吗？可以考虑让他到薪酬位置上，虽然是一个男生，但他还是很认真细致的，忠诚度也很好。跟着李应龙做了半年绩效的小伙子，是从业务部门转过来的，成熟度也不错，绩效工作也基本上手了，可以让他顶上来做绩效管理经理的岗位，他一定会觉得有干劲，这样把他的积极性也调动起来。我们再从今年招聘的应届生里挑选一个给他做助手，不就皆大欢喜了吗？"

哲涛一拍脑袋，是啊，没想到窍门就在眼皮底下，挪动一颗棋子，把整个棋盘都弄活了。

十五、让我们飞得更高更好

1. 敢于逆风飞扬

招聘 COE 菲菲是一个非常活泼的女孩，喜欢与人交往，她在的地方笑声阵阵，由于 COE 岗位经常需要做各种各样的方案，而这恰恰就是菲菲的短板。菲菲的形象思维特别好，但是系统性思维、逻辑思维较弱，所以写的方案往往不能让领导满意。

一天上午，公司的校园招聘方案需要在公司经营决策会议上讨论，菲菲反复修改，哲涛仍然不满意，但开会时间到了只能仓促上会讨论。结果会上领导们对这个方案很不满意，哲涛也很尴尬。会后，哲涛把菲菲叫到办公室严厉地批评了一通，特别提到对她的方案撰写能力很失望，菲菲情绪非常低落，心情糟透了。

这一天，菲菲想着领导们对自己工作不满意，这个 COE 岗位写方案是家常便饭，而自己写方案简直是一场折磨，看样子自己的工作可能保不住了，她产生了辞职的想法。想着想着，她竟然在座位上落下泪来……

这一幕文盛看见了，文盛邀请菲菲一起到楼下的空中花园走一走，聊聊天。花园中草木的芳香让菲菲的心情好了一些，眺望蓝天，看到天上有一些五颜六色的风筝在飞，是不远处的公园里一些老人、小孩放的。她不由得感慨：“风筝多好啊，可以自由自在地在蓝天飞翔!”

文盛说:“风筝也不轻松啊,永远都有一根线在牵着它,不是想怎么飞就怎么飞的。线的牵引对它反而是好事,不然它迟早会掉落的。”

菲菲向文盛透露了自己离职的想法,文盛听了没有吃惊,只是静静地听她诉说,陪她走了一圈又一圈。

过了一会儿,等菲菲倾诉完了,文盛说:“你在 HR COE 这个岗位上做不好,不代表你在其他岗位上也做不好,因为每个岗位的素质模型是不一样的。你的优势是沟通能力、人际能力强,而且善于解决现场的问题,而劣势是架构性的思维与撰写方案的能力。你现在是在用你的劣势做不适合自己的岗位,当然很难做出成绩。”

“我建议你尝试其他岗位,主动向领导提出调换岗位,你可以利用这次机会获得一个更好的职业发展机会。因为一般情况下,领导是不会同意随便调换岗位的,而你最近遇到的不如意的事情,让领导有决心把你从这个岗位上调走。看上去是危机,其实也是机遇,只是看你怎么利用它。”

文盛的话让菲菲有所触动,她入神地看着天空。这时,天空上有个画着孔雀的风筝似乎遇到了一股很强的气流,它被压得往下栽,几次想重新抬起头来都被压下去了,所以它在上下艰苦地挣扎着,似乎避免不了往下飘的命运。

这时,情况发生了变化,似乎是放风筝人调整了线的方向,不再牵着风筝往原来的方向飞,而是让风筝往相反的方向飞,顺着这股逆风,反而越飞越高。逆风成了风筝扶摇直上的助推力,风筝上的孔雀在阳光的映照下更加鲜艳夺目。

文盛似乎是说给自己听,也似乎是说给菲菲听:“逆风对我们来说也许是好事，它让我们更加了解自己，让我们更加成熟、更加坚强，让我们更有力量、飞得更高，我们要学会逆风飞扬。”

菲菲听了点点头：“我懂了，我要利用这股逆风让自己飞得更高更好，这是上天赐予我的机会。文盛哥，我其实很想做HRBP，我觉得自己很适合这个岗位。每逢看到 HRBP 与业务主管、员工沟通，解决各式各样的问题，我就特别羡慕他们，我喜欢这种有新鲜感、挑战性的工作。你是 HRBP 团队的一员，你知道 HRBP 还有岗位空缺吗?”

文盛用坚定而温和的眼神注视着菲菲，感受到她眼神里的热切希望，他微笑着说：“有啊，我们的物业管理公司还有一个HRBP 岗位空缺，我认为你是很合适的人选。”

菲菲听了，几乎跳起来：“太好了！那我现在就去和 HRD 说这件事情。”

哲涛听完菲菲表达了自己转到 HRBP 的意愿，思量片刻说：“这倒是挺好的办法。一方面，让你找到适合的职位；另一方面，我们找更合适的人来做招聘 COE 的岗位。我尽快物色替换的人选，你也从外部看看有没有合适的候选人吧。”

菲菲高兴地拍起手来：“谢谢领导支持！我一定在新岗位上好好干!”

2. 你的位置决定你的信息与人际关系

两个月后，菲菲去TD物业公司报到了。物业公司是在TD集团大厦旁边的几栋商住楼的裙楼里，占了半层面积。物业公司的办公环境整齐舒适，到处点缀着各种绿色植物，让人耳目一新，菲菲一下子就喜欢上了这里。

她见过物业公司总经理卢勇后，卢勇和她沟通了几分钟，主要介绍物业公司的人员现状，以及提了几点自己的期望。接着，他想起要给菲菲安排座位，在门外走了一圈，看到有一个空座位挨着过道，觉得不太合适："这个HRBP的岗位涉及比较多的敏感信息，我还是给你找个隐秘点的地方吧。"他又走过两个办公室，到了财务部，那里似乎还没有坐满，就和财务部经理朱玲说："你给菲菲安排一个角落的座位吧，她的工作涉及敏感信息，不适合太多人走动的位置。"

朱玲让坐在房间最里面的座位上的那位小姑娘把位置让给菲菲，菲菲有个安静的工作环境，不被人打扰，她感觉也挺好。

一转眼两周快过去了，除了认识房间里的财务同事外，偶尔有一些员工找财务部的同事，顺便和菲菲认识了一下。其他大部分时间，菲菲都觉得比较孤单，因为财务部的同事都说着他们专业的事情，很多时候忽略了菲菲的存在，仿佛她就是在这里借一个座位的。最关键的是，菲菲极少见到总经理卢勇，当她有事找卢勇，只能走出财务办公室，又经过两个办公室，才到卢勇办公室，而卢勇又经常不在办公室，所以她和卢勇见面的机会非常少。菲菲总觉得少了点什么。

后来菲菲和行政部主管梅姨熟了，梅姨提示她："你现在坐的座位离领导太远了，那里信息太闭塞了，而且你在那个角落，领导会忘记你的存在的。HRBP 是业务伙伴，你离他那么远，怎么做好伙伴的角色呢？我觉得你应该坐到他办公室的门口，这样他一出来就可以看到你，有什么事情才能想到你。"

"有时候，位置比努力更重要。信息量、影响力都是从领导办公室开始，由近而远进行递减的。在领导办公室旁，你会拥有更多的信息来源，也会有更多的人际关系，更多的人愿意跟你交朋友。领导办公室附近就是信息中枢和人际关系中心，很多人都抢那一片地方。"

菲菲恍然大悟："是啊，感觉最近自己越来越心虚了，因为和领导没接触、没交流，信息不灵通、人际关系也不多，这样自己的影响力是建立不起来的，价值也无法体现，慢慢就会被边缘化。"

菲菲找了个机会，看卢勇在办公室的时候，进去和他说了自己想在他办公室旁边找一个位置，以便和他沟通交流。至于敏感信息方面，可以找一个不靠近过道的位置，而且自己会注意信息保密的。

卢勇看着菲菲热切的眼神，心想："这个小姑娘的工作主动性还不错，而且 HRBP 也是自己的左右手，坐在自己办公室外，有事情也方便沟通。她坐在财务部那边，自己确实是把她给忘了。”

于是卢勇把梅姨喊过来：“你帮菲菲找个我办公室外的位置吧，尽量找没那么多人来人往的座位。”

“好的！我马上安排！”梅姨响声应道，给菲菲使了个眼色，菲菲也会心一笑。

3. 多做增强影响力的事情

自从调换座位后，菲菲感觉信息渠道扩宽了不少，她很感激梅姨的指点。

转眼菲菲在物业管理部做了一个月，她觉得有必要向 HRD 哲涛汇报一下近期的工作情况，于是去找哲涛。

哲涛听完菲菲的介绍后，建议她以后不断做提升影响力的事情，把 HRBP 的岗位变成有影响力的岗位。

“那么，我怎样才能提升自己的影响力呢？”菲菲问。

哲涛说：“一方面，要把重要的时间花在最有价值的事情上，有些事情虽然不紧急，但是很重要，可以对业务部门产生长远的价值，比如政策的改变、机制的完善、流程的梳理、案例的总结、人才库的建设、人力效率的提升、中高端人才的引进等，这些工作比常规的 HR 流程执行有价值多了；另一方面，先行动后思考。”

菲菲听了很奇怪：“不是要谋定而后动吗？为什么要先行动后思考？”

哲涛说：“先行动不是说让你赶紧行动，把手头上的事完成再去思考问题，而是指先改变你的外在行动，先按照一个优秀领导者的做法去做事情。先采取有影响力的行动，再思考为什么这样做。一个人若改变了想法，是因为他的行为先发生了改变。”

4. 在平凡工作中找到价值点与亮点

菲菲又提出最近的一个困惑，就是觉得自己的岗位太平凡了，做的工作也很平凡，缺少成就感。

哲涛说："我以前也一样，做着平凡的事情，即使是现在，也依然做很多平凡的事情，平凡都是相对的。"

"不过我在扫地中也能找到感兴趣的地方、能体现价值的地方，并把它做好。我做什么都无所谓，做什么都能做得出彩。"

菲菲听了，心里受到了触动，期待哲涛继续说下去。

哲涛停了一下，接着说："你先不要否定自己承担或负责的这块工作，而是要在这块工作中找到最感兴趣的地方，然后深入进去，把这点不断扩大、深挖，挖出金矿来。要找到自己的钻研点、兴趣点，然后把它吃透、做精，成为行家里手。"

菲菲试着总结说："你刚才说的是找到'兴趣点 + 价值点'吗？这是在平凡工作中挖掘不平凡之处的标准吗？"

哲涛笑着说："是的，你很聪明。我希望你时刻问自己一个问题：在这个岗位上，我能发挥的独特价值是什么？我能成为哪些小针尖领域的专家和'百事通'？这可以让你时刻倾注精力于价值性工作上。"

菲菲接着请教哲涛如何快速成功？她很想能快点成长起来，在一两年内晋升到更高的岗位上。

哲涛说：“你不要想着又快又多，有时候慢就是快，少就是多。要扎扎实实地把一件件事情搞定，一点一滴总结经验，通过良好的做事习惯，用习惯的力量去成功。你的能力是在打一个个电话、发一个个邮件、与主管和员工一次次的沟通中逐步培养起来的。”

5. 认准紧紧把握不放的东西

菲菲和哲涛一席谈话之后，感觉受益匪浅，她建议哲涛给其他的 HRBP 讲一下职业心得，他们一定能从中得到启发和鼓励，相当于喝下一碗很有营养的“心灵鸡汤”。

哲涛想这个建议很好，就让 HRBP 报名是否参加自己的职业心得分享，没想到所有的 HRBP 都参加了，连 COE 也全部参加。

哲涛讲的第一点是，一定要知道自己的优势所在，自己应该守住的根基是什么，不要随意离开自己的生命之河。因为在沙漠中很容易干涸掉，要沿着这条河流往下延伸扩大，直至发展成一片绿洲。

所以，应弄清你适合做 HR 还是其他岗位，在 HR 领域适合做综合（HRBP）还是某模块专家（COE），需要仔细审视自己的优势，认准了就要坚持走下去，不要轻易偏离。

我们要培养正确的眼力，知道自己真正需要什么，跟随自己的内心去做选择、去坚持、去追求。最根本的清醒是对目标的清醒，是对自己到底要干什么、到底能够干什么的清醒。

拿破仑讲过一句话：“对统帅来说，正确而准确的眼力比诡计更为重要、更为有用。”拿破仑要用“正确而准确的眼力”，死死把握不放的东西，这是战略成功实施的保证，反之就难免失败。

6. 挺住就意味着一切

交流会上，哲涛谈到有些 HRBP 因为工作压力大想辞职的问题。

哲涛说："不管当时有多大压力、多么苦恼，时过境迁，也就过去了。再回头看看时，那都不是事儿，而且你会有新的想法。"

他讲述了自己经历的一些艰难的时刻，最后总结出来的经验："挺住意味着一切。如果你看到前面有阴影，别怕，那是因为你的背后有阳光。"

他介绍了一个推墙的原理："我们会遇见各种墙。我们推墙十下，墙也不会倒；我们推墙百下，墙也不会倒；我们推墙千下万下，墙还是不会倒。墙就是不会倒，但我们会因为用力推墙而肌肉强健、变成有力量的人。墙不倒、不该成为我们自愿当弱者的借口。"

哲涛提到最近碰到一个学咏春拳的 HR 朋友，总觉得她的心很定，因为她被学咏春拳的这个群体的气质吸引、感染。日常工作中无论遇到多么困难的事情，比如有一个被辞退的员工威胁她，她都始终保持气定神闲，按照自己的想法逐步解决好。

这就像金一南将军的《心胜》里提到的军人的气要盛。所以，我们也可以通过一些心理训练或身体锻炼，让自己保持“气盛”的状态，才能更好地应对工作与生活中的各种压力、困难，甚至苦难的击打。

7. HRBP 是 HRD 的理想继任人选

这时家电事业部的 HRBP 韵诗抛出一个问题："领导，我们有可能像你一样，在未来成长为 HRD 吗?"

哲涛听后笑了，笑得很从容，他用坚定的眼神看着大家："你们都看到了我的成长经历，你觉得呢?"

他接着说："从 HRBP 转型为 HRD 非常合适，因为 HRD 需要懂战略、懂业务、知经营、善沟通、能推动的人，而这些素质与能力，HRBP 在日常的工作中逐渐练就。所以，HRBP 是 HRD 的不二人选。最终，还是看 HRBP 自己的努力与奋斗，不断提升自己的职业竞争力。职业竞争力的最终体现就是你有自身价值的最终定价权。"

"但是，HRBP 之路绝非坦途。"哲涛语重心长地说，"就如西奥多·罗斯福说的一句话：'世上任何有价值的东西与有意义的事，都需要用辛劳、痛苦与煎熬换取。此生，我从未羡慕过任何安稳无忧的人，但我羡慕那些遭遇困苦但能从容应对的人。'"

"最近我看了电影《空天猎》，其中有一句话给我的印象特别深刻：我们要学会敬畏这片蓝天，只有心怀敬畏之心，才能承载最大的责任。我给大家的寄语是：学会敬畏 HRBP 这个岗位，这样你才能承担更大的责任！”

众人看到哲涛眼中闪烁的坚定光芒，似乎这位他们深深敬佩的师长又在孕育着下一段奋斗的历程。

推荐作者得新书！

博瑞森征稿启事

亲爱的读者朋友：

感谢您选择了博瑞森图书！希望您手中的这本书能给您带来实实在在的帮助！

博瑞森一直致力于发掘好作者、好内容，希望能把您最需要的思想、方法，一字一句地交到您手中，成为管理知识与管理实践的桥梁。

但是我们也知道，有很多深入企业一线、经验丰富、乐于分享的优秀专家，或者忙于实战没时间，或者缺少专业的写作指导和便捷的出版途径，只能茫然以待……

还有很多在竞争大潮中坚守的企业，有着异常宝贵的实践经验和独特的洞察，但缺少专业的记录和整理者，无法让企业的经验和故事被更多的人了解、学习……

对读者而言，这些都太遗憾了！

博瑞森非常希望能将这些埋藏的"宝藏"发掘出来，贡献给广大读者，让更多的人从中受益。

所以，我们真心地邀请您，我们的老读者，帮我们搜寻：

推荐作者

可以是您自己或您的朋友，只要对本土管理有实践、有思考；可以是您通过网络、杂志、书籍或其他途径了解的某位专家，不管名气大小，只要他的思想和方法曾让您深受启发。

可以是管理类作品，也可以超出管理，各类优秀的社科作品或学术作品。

推荐企业

可以是您自己所在的企业，或者是您熟悉的某家企业，其创业过程、运营经历、产品研发、机制创新，等等。无论企业大小，只要乐于分享、有值得借鉴书写之处。

总之，好内容就是一切！

博瑞森绝非"自费出书"，出版费用完全由我们承担。您推荐的作者或企业案例一经采用，我们会立刻向您赠送书币 1000 元，可直接换取任何博瑞森图书的纸书或电子书。

感谢您对本土管理原创、博瑞森图书的支持！

推荐投稿邮箱：bookgood@126.com

推荐手机：13611149991

1120 本土管理实践与创新论坛

这是由100多位本土管理专家联合创立的企业管理实践学术交流组织，旨在孵化本土管理思想、促进企业管理实践、加强专家间交流与协作。

论坛每年集中力量办好两件大事：第一，**“出一本书”**，汇聚一年的思考和实践，把最原创、最前沿、最实战的内容集结成册，贡献给读者；第二，**“办一次会”**，每年11月20日本土管理专家们汇聚一堂，碰撞思想、研讨案例、交流切磋、回馈社会。

论坛理事名单（以年龄为序，以示传承之意）

首届常务理事：

彭志雄　曾　伟　施　炜　杨　涛　张学军
郭　晓　程绍珊　胡八一　王祥伍　李志华
陈立云　杨永华

理　　事：

卢根鑫　王铁仁　周荣辉　曾令同　陆和平　宋杼宸
张国祥　刘承元　曹子祥　宋新宇　吴越舟　吴　坚
戴欣明　仲昭川　刘春雄　刘祖轲　段继东　何　慕
秦国伟　贺兵一　张小虎　郭　剑　余晓雷　黄中强
朱玉童　沈　坤　阎立忠　张　进　丁兴良　朱仁健
薛宝峰　史贤龙　卢　强　史幼波　叶敦明　王明胤
陈　明　岑立聪　方　刚　何足奇　周　俊　杨　奕
孙行健　孙嘉晖　张东利　郭富才　叶　宁　何　屹
沈　奎　王　超　马宝琳　谭长春　夏惊鸣　张　博
李洪道　胡浪球　孙　波　唐江华　程　翔　刘红明
杨鸿贵　伯建新　高可为　李　蓓　王春强　孔祥云
贾同领　罗宏文　史立臣　李政权　余　盛　陈小龙
尚　锋　邢　雷　余伟辉　李小勇　全怀周　初勇钢
陈　锐　高继中　聂志新　黄　屹　沈　拓　徐伟泽
谭洪华　崔自三　王玉荣　蒋　军　侯军伟　黄润霖

金国华　吴　之　葛新红　周　剑　崔海鹏　柏　龑
唐道明　朱志明　曲宗恺　杜　忠　远　鸣　范月明
刘文新　赵晓萌　张　伟　韩　旭　韩友诚　熊亚柱
孙彩军　刘　雷　王庆云　李少星　俞士耀　丁　昀
黄　磊　罗晓慧　伏泓霖　梁小平　鄢圣安

企业案例·老板传记

	书名.作者	内容/特色	读者价值
企业案例·老板传记	**你不知道的加多宝:原市场部高管讲述** 曲宗恺　牛玮娜　著	前加多宝高管解读加多宝	全景式解读,原汁原味
	借力咨询:德邦成长背后的秘密 官同良　王祥伍　著	讲述德邦是如何借助咨询公司的力量进行自身与发展的	来自德邦内部的第一线资料,真实、珍贵,令人受益匪浅
	娃哈哈区域标杆:豫北市场营销实录 罗宏文　赵晓萌　等著	本书从区域的角度来写娃哈哈河南分公司豫北市场是怎么进行区域市场营销,成为娃哈哈全国第一大市场、全国增量第一高市场的一些操作方法	参考性、指导性,一线真实资料
	六个核桃凭什么:从0过100亿 张学军　著	首部全面揭秘养元六个核桃裂变式成长的巨著	学习优秀企业的成长路径,了解其背后的理论体系
	像六个核桃一样:打造畅销品的36个简明法则 王　超　范　萍　著	本书分上下两篇:包括“六个核桃”的营销战略历程和36条畅销法则	知名企业的战略历程极具参考价值,36条法则提供操作方法
	解决方案营销实战案例 刘祖轲　著	用10个真案例讲明白什么是工业品的解决方案式营销,实战、实用	有干货、真正操作过的才能写得出来
	招招见销量的营销常识 刘文新　著	如何让每一个营销动作都直指销量	适合中小企业,看了就能用
	我们的营销真案例 联纵智达研究院　著	五芳斋粽子从区域到全国/诺贝尔瓷砖门店销量提升/利豪家具出口转内销/汤臣倍健的营销模式	选择的案例都很有代表性,实在、实操!
	中国营销战实录:令人拍案叫绝的营销真案例 联纵智达　著	51个案例,42家企业,38万字,18年,累计2000余人次参与……	最真实的营销案例,全是一线记录,开阔眼界
	双剑破局:沈坤营销策划案例集 沈　坤　著	双剑公司多年来的精选案例解析集,阐述了项目策划中每一个营销策略的诞生过程,策划角度和方法	一线真实案例,与众不同的策划角度令人拍案叫绝、受益匪浅
	宗:一位制造业企业家的思考 杨　涛　著	1993年创业,引领企业平稳发展20多年,分享独到的心得体会	难得的一本老板分享经验的书
	简单思考:AMT咨询创始人自述 孔祥云　著	著名咨询公司(AMT)的CEO创业历程中点点滴滴的经验与思考	每一位咨询人,每一位创业者和管理经营者,都值得一读
	边干边学做老板 黄中强　著	创业20多年的老板,有经验、能写、又愿意分享,这样的书很少	处处共鸣,帮助中小企业老板少走弯路
	三四线城市超市如何快速成长:解密甘雨亭 IBMG国际商业管理集团　著	国内外标杆企业的经验+本土实践量化数据+操作步骤、方法	通俗易懂,行业经验丰富,宝贵的行业量化数据,关键思路和步骤
	中国首家未来超市:解密安徽乐城 IBMG国际商业管理集团　著	本书深入挖掘了安徽乐城超市的试验案例,为零售企业未来的发展提供了一条可借鉴之路	通俗易懂,行业经验丰富,宝贵的行业量化数据,关键思路和步骤

续表

互联网 +			
	书名．作者	内容/特色	读者价值
互联网+	**企业微信营销全指导** 孙　巍　著	专门给企业看到的微信营销书，手把手教企业从小白到微信营销专家	企业想学微信营销现在还不晚，两眼一抹黑也不怕，有这本书就够
	企业网络营销这样做才对：B2B　大宗 B2C 张　进　著	简单直白拿来就用，各种窍门信手拈来，企业网络营销不麻烦也不用再头疼，一般人不告诉他	B2B、大宗 B2C 企业有福了，看了就能学会网络营销
	互联网时代的银行转型 韩友诚　著	以大量案例形式为读者全面展示和分析了银行的互联网金融转型应对之道	结合本土银行转型发展案例的书籍
	正在发生的转型升级·实践 本土管理实践与创新论坛　著	企业在快速变革期所展现出的管理变革新成果、新方法、新案例	重点突出对于未来企业管理相关领域的趋势研判
	触发需求：互联网新营销样本·水产 何足奇　著	传统产业都在苦闷中挣扎前行，本书通过鲜活的案例告诉你如何以需求链整合供应链，从而把大家熟知的传统行业打碎了重构、重做一遍	全是干货，值得细读学习，并且作者的理论已经经过了他亲自操刀的实践检验，效果惊人，就在书中全景展示
	移动互联新玩法：未来商业的格局和趋势 史贤龙　著	传统商业、电商、移动互联，三个世界并存，这种新格局的玩法一定要懂	看清热点的本质，把握行业先机，一本书搞定移动互联网
	微商生意经：真实再现 33 个成功案例操作全程 伏泓霖　罗晓慧　著	本书为 33 个真实案例，分享案例主人公在做微商过程中的经验教训	案例真实，有借鉴意义
	阿里巴巴实战运营——14 招玩转诚信通 聂志新　著	本书主要介绍阿里巴巴诚信通的十四个基本推广操作，从而帮助使用诚信通的用户及企业更好地提升业绩	基本操作，很多可以边学边用，简单易学
	今后这样做品牌：移动互联时代的品牌营销策略 蒋　军　著	与移动互联紧密结合，告诉你老方法还能不能用，新方法怎么用	今后这样做品牌就对了
	互联网 +“变”与“不变”：本土管理实践与创新论坛集萃·2016 本土管理实践与创新论坛　著	本土管理领域正在产生自己独特的理论和模式，尤其在移动互联时代，有很多新课题需要本土专家们一起研究	帮助读者拓宽眼界、突破思维
	创造增量市场：传统企业互联网转型之道 刘红明　著	传统企业需要用互联网思维去创造增量，而不是用电子商务去转移传统业务的存量	教你怎么在“互联网 +”的海洋中创造实实在在的增量
	重生战略：移动互联网和大数据时代的转型法则 沈　拓　著	在移动互联网和大数据时代，传统企业转型如同生命体打算与再造，称之为“重生战略”	帮助企业认清移动互联网环境下的变化和应对之道

续表

互联网+	**画出公司的互联网进化路线图：用互联网思维重塑产品、客户和价值** 李 蓓 著	18个问题帮助企业一步步梳理出互联网转型思路	思路清晰、案例丰富，非常有启发性
	7个转变，让公司3年胜出 李 蓓 著	消费者主权时代，企业该怎么办	这就是互联网思维，老板有能这样想，肯定倒不了
	跳出同质思维，从跟随到领先 郭 剑 著	66个精彩案例剖析，帮助老板突破行业长期思维惯性	做企业竟然有这么多玩法，开眼界

行业类：零售、白酒、食品/快消品、农业、医药、建材家居等

书名．作者		内容/特色	读者价值
零售·超市·餐饮·服装	**总部有多强大，门店就能走多远** IBMG国际商业管理集团 著	如何把总部做强，成为门店的坚实后盾	了解总部建设的方法与经验
	超市卖场定价策略与品类管理 IBMG国际商业管理集团 著	超市定价策略与品类管理实操案例和方法	拿来就能用的理论和工具
	连锁零售企业招聘与培训破解之道 IBMG国际商业管理集团 著	围绕零售企业组织架构、培训体系建设等内容进行深刻探讨	破解人才发现和培养瓶颈的关键点
	中国首家未来超市：解密安徽乐城 IBMG国际商业管理集团 著	介绍了乐城作为中国首家未来超市从无到有的传奇经历	了解新型零售超市的运作方式及管理特色
	三四线城市超市如何快速成长：解密甘雨亭 IBMG国际商业管理集团 著	揭秘一家三四线连锁超市的经验策略	不但可以欣赏它的优点，而且可以学会它成功的方法
	涨价也能卖到翻 村松达夫 【日】	提升客单价的15种实用、有效的方法	日本企业在这方面非常值得学习和借鉴
	移动互联下的超市升级 联商网专栏频道 著	深度解析超市转型升级重点	帮助零售企业把握全局、看清方向
	手把手教你做专业督导：专卖店、连锁店 熊亚柱 著	从督导的职能、作用，在工作中需要的专业技能、方法，都提供了详细的解读和训练办法，同时附有大量的表单工具	无论是店铺需要统一培训，还是个人想成为优秀的督导，有这一本就够了
	百货零售全渠道营销策略 陈继展 著	没有照本宣科、说教式的絮叨，只有笔者对行业的认知与理解，庖丁解牛式的逐项解析、展开	通俗易懂，花极少的时间快速掌握该领域的知识及趋势
	零售：把客流变成购买力 丁 昀 著	如何通过不断升级产品和体验式服务来经营客流	如何进行体验营销，国外的好经营，这方面有启发

续表

零售·超市·餐饮·服装	**餐饮企业经营策略第一书** 吴　坚　著	分别从产品、顾客、市场、盈利模式等几个方面，对现阶段餐饮企业的发展提出策略和思路	第一本专业的、高端的餐饮企业经营指导书
	电影院的下一个黄金十年：开发·差异化·案例 李保煜　著	对目前电影院市场存大的问题及如何解决进行了探讨与解读	多角度了解电影院运营方式及代表性案例
	赚不赚钱靠店长：从懂管理到会经营 孙彩军　著	通过生动的案例来进行剖析，注重门店管理细节方面的能力提升	帮助终端门店店长在管理门店的过程中实现经营思路的拓展与突破
耐消品	**商用汽车经销商经营实战** 杜建君　王朝阳　章晓青　等著	从管理到经营，从销售到服务，系统化运作全指导	为经销商经营开阔思路，掌握方法
	汽车配件这样卖：汽车后市场销售秘诀100条 俞士耀　著	汽配销售业务员必读，手把手教授最实用的方法，轻松得来好业绩	快速上岗，专业实效，业绩无忧
	跟行业老手学经销商开发与管理：家电、耐消品、建材家居 黄润霖　著	全部来源于经销商管理的一线问题，作者用丰富的经验将每一个问题落实到最便捷快速的操作方法上去	书中每一个问题都是普通营销人亲口提出的，这些问题你也会遇到，作者进行的解答则精彩实用
白酒	**白酒到底如何卖** 赵海永　著	以市场实战为主，多层次、全方位、多角度地阐释了白酒一线市场操作的最新模式和方法，接地气	实操性强，37个方法、6大案例帮你成功卖酒
	变局下的白酒企业重构 杨永华　著	帮助白酒企业从产业视角看清趋势，找准位置，实现弯道超车的书	行业内企业要减少90%，自己在什么位置，怎么做，都清楚了
	1. 白酒营销的第一本书（升级版） **2. 白酒经销商的第一本书** 唐江华　著	华泽集团湖南开口笑公司品牌部长，擅长酒类新品推广、新市场拓展	扎根一线，实战
	区域型白酒企业营销必胜法则 朱志明　著	为区域型白酒企业提供35条必胜法则，在竞争中赢销的葵花宝典	丰富的一线经验和深厚积累，实操实用
	10步成功运作白酒区域市场 朱志明　著	白酒区域操盘者必备，掌握区域市场运作的战略、战术、兵法	在区域市场的攻伐防守中运筹帷幄，立于不败之地
	酒业转型大时代：微酒精选2014－2015 微酒　主编	本书分为五个部分：当年大事件、那些酒业营销工具、微酒独立策划、业内大调查和十大经典案例	了解行业新动态、新观点，学习营销方法
快消品·食品	**这样打造快消品标杆市场** 罗宏文　著	帮助你解决如何成功打造标杆市场和进行持续增量管理两大问题	一套系统的方法论，通俗易懂，可以直接套用
	5小时读懂快消品营销：中国快消品案例观察 陈海超　著	多年营销经验的一线老手把案例掰开了、揉碎了，从中得出的各种手段和方法给读者以帮助和启发	营销那些事儿的个中秘辛，求人还不一定告诉你，这本书里就有

续表

快消品·食品	**快消品招商的第一本书：从入门到精通** 刘　雷　著	深入浅出，不说废话，有工具方法，通俗易懂	让零基础的招商新人快速学习书中最实用的招商技能，成长为骨干人才
	乳业营销第一书 侯军伟　著	对区域乳品企业生存发展关键性问题的梳理	唯一的区域乳业营销书，区域乳品企业一定要看
	食用油营销第一书 余　盛　著	10 多年油脂企业工作经验，从行业到具体实操	食用油行业第一书，当之无愧
	中国茶叶营销第一书 柏　龑　著	如何跳出茶行业"大文化小产业"的困境，作者给出了自己的观察和思考	不是传统做茶的思路，而是现在商业做茶的思路
	调味品营销第一书 陈小龙　著	国内唯一一本调味品营销的书	唯一的调味品营销的书，调味品的从业者一定要看
	快消品营销人的第一本书：从入门到精通 刘　雷　伯建新　著	快消行业必读书，从入门到专业	深入细致，易学易懂
	变局下的快消品营销实战策略 杨永华　著	通胀了，成本增加，如何从被动应战变成主动的"系统战"	作者对快消品行业非常熟悉、非常实战
	快消品经销商如何快速做大 杨永华　著	本书完全从实战的角度，评述现象，解析误区，揭示原理，传授方法	为转型期的经销商提供了解决思路，指出了发展方向
	一位销售经理的工作心得 蒋　军　著	一线营销管理人员想提升业绩却无从下手时，可以看看这本书	一线的真实感悟
	快消品营销：一位销售经理的工作心得 2 蒋　军　著	快消品、食品饮料营销的经验之谈，重点图书	来源与实战的精华总结
	快消品营销与渠道管理 谭长春　著	将快消品标杆企业渠道管理的经验和方法分享出来	可口可乐、华润的一些具体的渠道管理经验，实战
	成为优秀的快消品区域经理（升级版） 伯建新　著	用"怎么办"分析区域经理的工作关键点，增加 30% 全新内容，更贴近环境变化	可以作为区域经理的"速成催化器"
	销售轨迹：一位快消品营销总监的拼搏之路 秦国伟　著	本书讲述了一个普通销售员打拼成为跨国企业营销总监的真实奋斗历程	激励人心，给广大销售员以力量和鼓舞
	快消老手都在这样做：区域经理操盘锦囊 方　刚　著	非常接地气，全是多年沉淀下来的干货，丰富的一线经验和实操方法不可多得	在市场摸爬滚打的"老油条"，那些独家绝招妙招一般你问都是问不来的
	动销四维：全程辅导与新品上市 高继中　著	从产品、渠道、促销和新品上市详细讲解提高动销的具体方法，总结作者 18 年的快消品行业经验，方法实操	内容全面系统，方法实操

续表

农业	**新农资如何换道超车** 刘祖轲　等著	从农业产业化、互联网转型、行业营销与经营突破四个方面阐述如何让农资企业占领先机、提前布局	南方略专家告诉你如何应对资源浪费、生产效率低下、产能严重过剩、价格与价值严重扭曲等
	中国牧场管理实战：畜牧业、乳业必读 黄剑黎　著	本书不仅提供了来自一线的实际经验，还收入了丰富的工具文档与表单	填补空白的行业必读作品
	中小农业企业品牌战法 韩　旭　著	将中小农业企业品牌建设的方法，从理论讲到实践，具有指导性	全面把握品牌规划，传播推广，落地执行的具体措施
	农资营销实战全指导 张　博　著	农资如何向“深度营销”转型，从理论到实践进行系统剖析，经验资深	朴实、使用！不可多得的农资营销实战指导
	农产品营销第一书 胡浪球　著	从农业企业战略到市场开拓、营销、品牌、模式等	来源于实践中的思考，有启发
	变局下的农牧企业9大成长策略 彭志雄　著	食品安全、纵向延伸、横向联合、品牌建设……	唯一的农牧企业经营实操的书，农牧企业一定要看
医药	**在中国，医药营销这样做：时代方略精选文集** 段继东　主编	专注于医药营销咨询15年，将医药营销方法的精华文章合编，深入全面	可谓医药营销领域的顶尖著作，医药界读者的必读书
	医药新营销：制药企业、医药商业企业营销模式转型 史立臣　著	医药生产企业和商业企业在新环境下如何做营销？老方法还有没有用？如何寻找新方法？新方法怎么用？本书给你答案	内容非常现实接地气，踏实谈问题说方法
	医药企业转型升级战略 史立臣　著	药企转型升级有5大途径，并给出落地步骤及风险控制方法	实操性强，有作者个人经验总结及分析
	新医改下的医药营销与团队管理 史立臣　著	探讨新医改对医药行业的系列影响和医药团队管理	帮助理清思路，有一个框架
	医药营销与处方药学术推广 马宝琳　著	如何用医学策划把“平民产品”变成“明星产品”	有真货、讲真话的作者，堪称处方药营销的经典！
	新医改，医药企业如何应对行业洗牌 林延君　沈　斌　著	一方面，围绕着变革，多角度阐述药企的应对之道；另一方面，紧扣实践，介绍近百家医药企业创新实践案例	医改变革10年，医药企业如何应对大洗牌？重磅出击的药企人必读书
	新医改了，药店就要这样开 尚　锋　著	药店经营、管理、营销全攻略	有很强的实战性和可操作性
	电商来了，实体药店如何突围 尚　锋　著	电商崛起，药店该如何突围？本书从促销、会员服务、专业性、客单价等多重角度给出了指导方向	实战攻略，拿来就能用
	OTC医药代表药店销售36计 鄢圣安　著	以《三十六计》为线，写OTC医药代表向药店销售的一些技巧与策略	案例丰富，生动真实，实操性强

续表

医药	**OTC医药代表药店开发与维护** 鄢圣安　著	要做到一名专业的医药代表，需要做什么、准备什么、知识储备、操作技巧等	医药代表药店拜访的指导手册，手把手教你快速上手
	引爆药店成交率1：店员导购实战 范月明　著	一本书解决药店导购所有难题	情景化、真实化、实战化
	引爆药店成交率2：经营落地实战 范月明　著	最接地气的经营方法全指导	揭示了药店经营的几类关键问题
	引爆药店成交率：专业化销售解决方案 范月明　著	药品搭配分析与关联销售	为药店人专业化助力
建材家居	**成为最赚钱的家具建材经销商** 李治江　著	从销售模式、产品、门店等老板们最关注和最需要的方面解决问题、提供方法	只要你是建材、家具、家居用品的经销商老板，这就是一本必读的书
	家具行业操盘手 王献永　著	家具行业问题的终结者	解决了干家具还有没有前途？为什么同城多店的家具经销商很难做大做强等问题
	建材家居营销：除了促销还能做什么 孙嘉晖　著	一线老手的深度思考，告诉你在建材家居营销模式基本停滞的今天，除了促销，营销还能怎么做	给你的想法一场革命
	建材家居营销实务 程绍珊　杨鸿贵　主编	价值营销运用到建材家居，每一步都让客户增值	有自己的系统、实战
	建材家居门店销量提升 贾同领　著	店面选址、广告投放、推广助销、空间布局、生动展示、店面运营等	门店销量提升是一个系统工程，非常系统、实战
	10步成为最棒的建材家居门店店长 徐伟泽　著	实际方法易学易用，让员工能够迅速成长，成为独当一面的好店长	只要坚持这样干，一定能成为好店长
	手把手帮建材家居导购业绩倍增：成为顶尖的门店店员 熊亚柱　著	生动的表现形式，让普通人也能成为优秀的导购员，让门店业绩长红	读着有趣，用着简单，一本在手、业绩无忧
	建材家居经销商实战42章经 王庆云　著	告诉经销商：老板怎么当、团队怎么带、生意怎么做	忠言逆耳，看着不舒服就对了，实战总结，用一招半式就值了
工业品	**销售是门专业活：B2B、工业品** 陆和平　著	销售流程就应该跟着客户的采购流程和关注点的变化向前推进，将一个完整的销售过程分成十个阶段，提供具体方法	销售不是请客吃饭拉关系，是个专业的活计！方法在手，走遍天下不愁
	解决方案营销实战案例 刘祖轲　著	用10个真案例讲明白什么是工业品的解决方案式营销，实战、实用	有干货、真正操作过的才能写得出来
	变局下的工业品企业7大机遇 叶敦明　著	产业链条的整合机会、盈利模式的复制机会、营销红利的机会、工业服务商转型机会……	工业品企业还可以这样做，思维大突破

续表

工业品	**工业品市场部实战全指导** 杜　忠　著	工业品市场部经理工作内容全指导	系统、全面、有理论、有方法，帮助工业品市场部经理更快提升专业能力
	工业品营销管理实务 李洪道　著	中国特色工业品营销体系的全面深化、工业品营销管理体系优化升级	工具更实战，案例更鲜活，内容更深化
	工业品企业如何做品牌 张东利　著	为工业品企业提供最全面的品牌建设思路	有策略、有方法、有思路、有工具
	丁兴良讲工业 4.0 丁兴良　著	没有枯燥的理论和说教，用朴实直白的语言告诉你工业 4.0 的全貌	工业 4.0 是什么？本书告诉你答案
	资深大客户经理：策略准，执行狠 叶敦明　著	从业务开发、发起攻势、关系培育、职业成长四个方面，详述了大客户营销的精髓	满满的全是干货
	一切为了订单：订单驱动下的工业品营销实战 唐道明　著	其实，所有的企业都在围绕着两个字在开展全部的经营和管理工作，那就是"订单"	开发订单、满足订单、扩大订单。本书全是实操方法，字字珠玑、句句干货，教你获得营销的胜利
金融	**交易心理分析** (美)马克·道格拉斯　著 刘真如　译	作者一语道破赢家的思考方式，并提供了具体的训练方法	不愧是投资心理的第一书，绝对经典
	精品银行管理之道 崔海鹏　何　屹　主编	中小银行转型的实战经验总结	中小银行的教材很多，实战类的书很少，可以看看
	支付战争 Eric M. Jackson　著 徐　彬　王　晓　译	PayPal 创业期营销官，亲身讲述 PayPal 从诞生到壮大到成功出售的整个历史	激烈、有趣的内幕商战故事！了解美国支付市场的风云巨变
	中外并购名著专业阅读指南 叶兴平　等著	在 5000 多本并购类图书中精选的 200 著作，在阅读的基础上写的读书评价	精挑细选 200 本并一一评介，省去读者挑选的烦恼，快捷、高效
	互联网时代的银行转型 韩友诚　著	以大量案例形式为读者全面展示和分析了银行的互联网金融转型应对之道	结合本土银行转型发展案例的书籍
房地产	**产业园区/产业地产规划、招商、运营实战** 阎立忠　著	目前中国第一本系统解读产业园区和产业地产建设运营的实战宝典	从认知、策划、招商到运营全面了解地产策划
	人文商业地产策划 戴欣明　著	城市与商业地产战略定位的关键是不可复制性，要发现独一无二的"味道"	突破千城一面的策划困局
	电影院的下一个黄金十年：开发·差异化·案例 李保煜　著	对目前电影院市场存大的问题及如何解决进行了探讨与解读	多角度了解电影院运营方式及代表性案例
能源	**全能型班组：城市能源互联网与电力班组升级** 国网天津市电力公司　编著	借鉴国内外优秀企业的转型升级思路，通过对于新型班组组织模式和运行机制的大胆设想，力图构建充分适应内外环境变化的全能型班组	看看庞大的国企在新环境下是如何顺应时代的
	国网天津电力全能型班组建设实务 国网天津市电力公司　编著	本书聚焦于天津电力公司在探索全能型班组转型升级时的优秀实践	电力行业的班组实践，具体、可操作性强

续表

<table>
<tr><th colspan="4">经营类：企业如何赚钱，如何抓机会，如何突破，如何“开源”</th></tr>
<tr><th colspan="2">书名．作者</th><th>内容/特色</th><th>读者价值</th></tr>
<tr><td rowspan="10">抓方向</td><td>让经营回归简单．升级版
宋新宇　著</td><td>化繁为简抓住经营本质：战略、客户、产品、员工、成长</td><td>经典，做企业就这几个关键点！</td></tr>
<tr><td>混沌与秩序Ⅰ：变革时代企业领先之道
混沌与秩序Ⅱ：变革时代管理新思维
彭剑锋　尚艳玲　主编</td><td>汇集华夏基石专家团队10年来研究成果，集中选择了其中的精华文章编纂成册</td><td>作者都是既有深厚理论积淀又有实践经验的重磅专家，为中国企业和企业家的未来提出了高屋建瓴的观点</td></tr>
<tr><td>活系统：跟任正非学当老板
孙行健　尹　贤　著</td><td>以任正非的独到视角，教企业老板如何经营公司</td><td>看透公司经营本质，激活企业活力</td></tr>
<tr><td>重构：快消品企业重生之道
杨永华　著</td><td>从7个角度，帮助企业实现系统性的改造</td><td>提供转型思想与方法，值得参考</td></tr>
<tr><td>公司由小到大要过哪些坎
卢　强　著</td><td>老板手里的一张“企业成长路线图”</td><td>现在我在哪儿，未来还要走哪些路，都清楚了</td></tr>
<tr><td>企业二次创业成功路线图
夏惊鸣　著</td><td>企业曾经抓住机会成功了，但下一步该怎么办？</td><td>企业怎样获得第二次成功，心里有个大框架了</td></tr>
<tr><td>老板经理人双赢之道
陈　明　著</td><td>经理人怎养选平台、怎么开局，老板怎样选/育/用/留</td><td>老板生闷气，经理人牢骚大，这次知道该怎么办了</td></tr>
<tr><td>简单思考：AMT咨询创始人自述
孔祥云　著</td><td>著名咨询公司（AMT）的CEO创业历程中点点滴滴的经验与思考</td><td>每一位咨询人，每一位创业者和管理经营者，都值得一读</td></tr>
<tr><td>企业文化的逻辑
王祥伍　黄健江　著</td><td>为什么企业绩效如此不同，解开绩效背后的文化密码</td><td>少有的深刻，有品质，读起来很流畅</td></tr>
<tr><td>使命驱动企业成长
高可为　著</td><td>钱能让一个人今天努力，使命能让一群人长期努力</td><td>对于想做事业的人，‘使命’是绕不过去的</td></tr>
<tr><td rowspan="5">思维突破</td><td>盈利原本就这么简单
高可为　著</td><td>从财务的角度揭示企业盈利的秘密</td><td>多方面解读商业模式与盈利的关系，通俗易懂，受益匪浅</td></tr>
<tr><td>移动互联新玩法：未来商业的格局和趋势
史贤龙　著</td><td>传统商业、电商、移动互联，三个世界并存，这种新格局的玩法一定要懂</td><td>看清热点的本质，把握行业先机，一本书搞定移动互联网</td></tr>
<tr><td>画出公司的互联网进化路线图：用互联网思维重塑产品、客户和价值
李　蓓　著</td><td>18个问题帮助企业一步步梳理出互联网转型思路</td><td>思路清晰、案例丰富，非常有启发性</td></tr>
<tr><td>重生战略：移动互联网和大数据时代的转型法则
沈　拓　著</td><td>在移动互联网和大数据时代，传统企业转型如同生命体打算与再造，称之为“重生战略”</td><td>帮助企业认清移动互联网环境下的变化和应对之道</td></tr>
<tr><td>创造增量市场：传统企业互联网转型之道
刘红明　著</td><td>传统企业需要用互联网思维去创造增量，而不是用电子商务去转移传统业务的存量</td><td>教你怎么在“互联网＋”的海洋中创造实实在在的增量</td></tr>
</table>

续表

思维突破	**7个转变，让公司3年胜出** 李蓓 著	消费者主权时代，企业该怎么办	这就是互联网思维，老板有能这样想，肯定倒不了
	跳出同质思维，从跟随到领先 郭剑 著	66个精彩案例剖析，帮助老板突破行业长期思维惯性	做企业竟然有这么多玩法，开眼界
	麻烦就是需求　难题就是商机 卢根鑫 著	如何借助客户的眼睛发现商机	什么是真商机，怎么判断、怎么抓，有借鉴
	互联网+"变"与"不变"：本土管理实践与创新论坛集萃·2016 本土管理实践与创新论坛 著	加速本土管理思想的孕育诞生，促进本土管理创新成果更好地服务企业、贡献社会	各个作者本年度最新思想，帮助读者拓宽眼界、突破思维
	消费升级：实践　研究（文集） 本土管理实践与创新论坛 著	38位管理专家及7位学者的精华思想，从经营、管理、行业及思想研究四个方面阐述中国企业在消费升级下的实践与研究	思想启发，行业借鉴
财务	**写给企业家的公司与家庭财务规划——从创业成功到富足退休** 周荣辉 著	本书以企业的发展周期为主线，写各阶段企业与企业主家庭的财务规划	为读者处理人生各阶段企业与家庭的财务问题提供建议及方法，让家庭成员真正享受财富带来的益处
	互联网时代的成本观 程翔 著	本书结合互联网时代提出了成本的多维观，揭示了多维组合成本的互联网精神和大数据特征，论述了其产生背景、实现思路和应用价值	在传统成本观下为盈利的业务，在新环境下也许就成为亏损业务。帮助管理者从新的角度来看待成本，进一步做好精益管理

管理类：效率如何提升，如何实现经营目标，如何"节流"

	书名．作者	内容/特色	读者价值
通用管理	**让管理回归简单·升级版** 宋新宇 著	从目标、组织、决策、授权、人才和老板自己层面教你怎样做管理	帮助管理抓住管理的要害，让管理变得简单
	让经营回归简单·升级版 宋新宇 著	从战略、客户、产品、员工、成长、经营者自身等七个方面，归纳总结出简单有效的经营法则	总结出的真正优秀企业的成功之道：简单
	让用人回归简单 宋新宇 著	从用人的原则、用人的难题与误区、用人的方法和用人者的修炼四大方面，总结出适合中小企业做好人才管理工作的法则	帮助管理者抓住用人的要害，让用人变得简单
	历史深处的管理智慧1：组织建设与用人之道 刘文瑞 著	对历史之典故、政事、人事、政制进行管理解析，鉴照企业人才的选用育留	推动理论与实践的对接，实现理性与情感的渗透，用中国话语说明管理智慧
	历史深处的管理智慧2：战略决策与经营运作 刘文瑞 著	对历史之典故、政事、人事、政制进行管理解析，鉴照企业战略设计与经营实践	推动理论与实践的对接，实现理性与情感的渗透，用中国话语说明管理智慧

续表

通用管理	**历史深处的管理智慧3:领导修炼与文化素养** 刘文瑞　著	对历史之典故、政事、人事、政制进行管理解析,鉴照企业领导职业能力提升与文化修养	推动理论与实践的对接,实现理性与情感的渗透,用中国话语说明管理智慧
	管理的尺度 刘文瑞　著	对管理中的种种普遍性问题进行了批评	提高把握管理尺度的能力
	管理学在中国 刘文瑞　著	系统性介绍了管理学在中国的发展和演变	了解管理学在中国的发展脉络,更清晰理解管理学的本质
	管理:以规则驾驭人性 王春强　著	详细解读企业规则的制定方法	从人与人博弈角度提升管理的有效性
	员工心理学超级漫画版 邢　雷　著	以漫画的形式深度剖析员工心理	帮助管理者更了解员工,从而更轻松地管理员工
	老板有想法,高层有干法:企业中的将、帅之道 王清华　著	深入剖析老板与高管的异同	各司其职,各行其是,相辅相成
	分股合心:股权激励这样做 段磊　周剑　著	通过丰富的案例,详细介绍了股权激励的知识和实行方法	内容丰富全面、易读易懂,了解股权激励,有这一本就够了
	边干边学做老板 黄中强　著	创业20多年的老板,有经验、能写、又愿意分享,这样的书很少	处处共鸣,帮助中小企业老板少走弯路
	成为敏感而体贴的公司 王　涛　著	本书为作者对企业的观察和冥想的随笔记录。从生活中的一个现象入手,进而探索现象背后的本质	从全新角度认识公司
	中国企业的觉醒:正直 善良 成长 王　涛　著	围绕着企业人如何发生转化展开,对中国人、中国文化及由此导致的企业现状的观察和思考	企业除了要利润,还需要道德
	有意识的思考:轻松化解问题的7个思考习惯 王　涛　著	本书是对思想、思考过程、思考方式进行的细致观察	养成好的思考习惯,更深刻地看问题
	中国式阿米巴落地实践之从交付到交易 胡八一　著	本书主要讲述阿米巴经营会计,"从交付到交易",这是成功实施了阿米巴的标志	阿米巴经营会计的工作是有逻辑关联的,一本书就能搞定
	中国式阿米巴落地实践之激活组织 胡八一　著	重点讲解如何科学划分阿米巴单元,阐述划分的实操要领、思路、方法、技术与工具	最大限度减少"推行风险"和"摸索成本",利于公司成功搭建适合自身的个性化阿米巴经营体系
	集团化企业阿米巴实战案例 初勇钢　著	一家集团化企业阿米巴实施案例	指导集团化企业系统实施阿米巴
	阿米巴经营的中国模式 李志华　著	让员工从"要我干"到"我要干",价值量化出来	阿米巴在企业如何落地,明白思路了
	欧博心法:好管理靠修行 曾　伟　著	用佛家的智慧,深刻剖析管理问题,见解独到	如果真的有'中国式管理',曾老师是其中标志性人物
	领导这样点燃你的下属 孟广桥　著	领导者如何才能让员工积极主动地工作?如何让你的员工和下属保持工作的热情,自动自发?看了这本书就知道	只要你希望手下的"兵将"永远充满工作的斗志,这本书将使你获益良多

续表

流程管理	**1. 用流程解放管理者** **2. 用流程解放管理者 2** 张国祥　著	中小企业阅读的流程管理、企业规范化的书	通俗易懂,理论和实践的结合恰到好处
	跟我们学建流程体系 陈立云　著	畅销书《跟我们学做流程管理》系列,更实操,更细致,更深入	更多地分享实践,分享感悟,从实践总结出来的方法论
质量管理	**IATF16949 质量管理体系详解与案例文件汇编:TS16949 转版 IATF16949:2016** 谭洪华　著	针对 IATF 的新标准做了详细的解说,同时指出了一些推行中容易犯的错误,提供了大量的表单、案例	案例、表单丰富,拿来就用
	五大质量工具详解及运用案例:APQP/FMEA/PPAP/MSA/SPC 谭洪华　著	对制造业必备的五大质量工具中每个文件的制作要求、注意事项、制作流程、成功案例等进行了解读	通俗易懂、简便易行,能真正实现学以致用
	ISO9001:2015 新版质量管理体系详解与案例文件汇编 谭洪华　著	紧密围绕 2015 年新版质量管理体系文件逐条详细解读,并提供可以直接套用的案例工具,易学易上手	企业质量管理认证、内审必备
	ISO14001:2015 新版环境管理体系详解与案例文件汇编 谭洪华　著	紧密围绕 2015 年新版环境管理体系文件逐条详细解读,并提供可以直接套用的案例工具,易学易上手	企业环境管理认证、内审必备
	SA8000:2014 社会责任管理体系认证实战 吕　林　著	作者根据自己的操作经验,按认证的流程,以相关案例进行说明 SA8000 认证体系	简单,实操性强,拿来就能用
	精益质量管理实战工具 贺小林　著	制造类企业日常工作中所需要的精益管理工具的归纳整理,并进行案例操作的细致分析	可以直接参考,实际解决生产中的具体问题
战略落地	**重生——中国企业的战略转型** 施　炜　著	从前瞻和适用的角度,对中国企业战略转型的方向、路径及策略性举措提出了一些概要性的建议和意见	对企业有战略指导意义
	公司大了怎么管:从靠英雄到靠组织 AMT 金国华　著	第一次详尽阐释中国快速成长型企业的特点、问题及解决之道	帮助快速成长型企业领导及管理团队理清思路,突破瓶颈
	低效会议怎么改:每年节省一半会议成本的秘密 AMT 王玉荣　著	教你如何系统规划公司的各级会议,一本工具书	教会你科学管理会议的办法
	年初订计划,年尾有结果:战略落地七步成诗 AMT 郭晓　著	7 个步骤教会你怎么让公司制定的战略转变为行动	系统规划,有效指导计划实现

续表

人力资源	**HRBP 是这样炼成的之“菜鸟起飞”** 新　海　著	以小说的形式，具体解析 HRBP 的职责，应该如何操作，如何为业务服务	实践者的经验分享，内容实务具体，形式有趣
	HRBP 是这样炼成的之中级修炼 新　海　著	本书以案例故事的方式，介绍了 HRBP 在实际工作中碰到的问题和挑战	书中的 HR 解决方案讲究因时因地制宜、简单有效的原则，重在启发读者思路，可供各类企业 HRBP 借鉴
	HRBP 是这样炼成的之高级修炼 新　海　著	以故事的形式，展现了 HRBP 工作者在职业发展路上的层层深入和递进	为读者提供 HRBP 在实际工作中遇到种种问题的解决方案
	把面试做到极致：首席面试官的人才甄选法 孟广桥　著	作者用自己几十年的人力资源经验总结出的一套实用的确定岗位招聘标准、提升面试官技能素质的简便方法	面试官必备，没有空泛理论，只有巧妙的实操技能
	人力资源体系与 e－HR 信息化建设 刘书生　陈　莹　王美佳　著	将作者经历的人力资源管理变革、人力资源管理信息化咨询项目方法论、工具和成果全面展现给读者，使大家能够将其快速应用到管理实践中	系统性非常强，没有废话，全部是浓缩的干货
	回归本源看绩效 孙　波　著	让绩效回顾“改进工具”的本源，真正为企业所用	确实是来源于实践的思考，有共鸣
	世界 500 强资深培训经理人教你做培训管理 陈　锐　著	从 7 大角度具体细致地讲解了培训管理的核心内容	专业、实用、接地气
	曹子祥教你做激励性薪酬设计 曹子祥　著	以激励性为指导，系统性地介绍了薪酬体系及关键岗位的薪酬设计模式	深入浅出，一本书学会薪酬设计
	曹子祥教你做绩效管理 曹子祥　著	复杂的理论通俗化，专业的知识简单化，企业绩效管理共性问题的解决方案	轻松掌握绩效管理
	把招聘做到极致 远　鸣　著	作为世界 500 强高级招聘经理，作者数十年招聘经验的总结分享	带来职场思考境界的提升和具体招聘方法的学习
	人才评价中心．超级漫画版 邢　雷　著	专业的主题，漫画的形式，只此一本	没想到一本专业的书，能写成这效果
	走出薪酬管理误区 全怀周　著	剖析薪酬管理的 8 大误区，真正发挥好枢纽作用	值得企业深读的实用教案
	集团化人力资源管理实践 李小勇　著	对搭建集团化的企业很有帮助，务实，实用	最大的亮点不是理论，而是结合实际的深入剖析
	我的人力资源咨询笔记 张　伟　著	管理咨询师的视角，思考企业的 HR 管理	通过咨询师的眼睛对比很多企业，有启发
	本土化人力资源管理 8 大思维 周　剑　著	成熟 HR 理论，在本土中小企业实践中的探索和思考	对企业的现实困境有真切体会，有启发

续表

企业文化	**36个拿来就用的企业文化建设工具** 海融心胜　主编	数十个工具，为了方便拿来就用，每一个工具都严格按照工具属性、操作方法、案例解读划分，实用、好用	企业文化工作者的案头必备书，方法都在里面，简单易操作
	企业文化建设超级漫画版 邢　雷　著	以漫画的形式系统教你企业文化建设方法	轻松易懂好操作
	华夏基石方法：企业文化落地本土实践 王祥伍　谭俊峰　著	十年积累、原创方法、一线资料，和盘托出	在文化落地方面真正有洞察，有实操价值的书
	企业文化的逻辑 王祥伍　著	为什么企业之间如此不同，解开绩效背后的文化密码	少有的深刻，有品质，读起来很流畅
	企业文化激活沟通 宋杼宸　安　琪　著	透过新任HR总经理的眼睛，揭示出沟通与企业文化的关系	有实际指导作用的文化落地读本
	在组织中绽放自我：从专业化到职业化 朱仁健　王祥伍　著	个人如何融入组织，组织如何助力个人成长	帮助企业员工快速认同并投入到组织中去，为企业发展贡献力量
	企业文化定位·落地一本通 王明胤　著	把高深枯燥的专业理论创建成一套系统化、实操化、简单化的企业文化缔造方法	对企业文化不了解，不会做？有这一本从概念到实操，就够了
生产管理	**精益思维：中国精益如何落地** 刘承元　著	笔者二十余年企业经营和咨询管理的经验总结	中国企业需要灵活运用精益思维，推动经营要素与管理机制的有机结合，推动企业管理向前发展
	300张现场图看懂精益5S管理 乐　涛　编著	5S现场实操详解	案例图解，易懂易学
	高员工流失率下的精益生产 余伟辉　著	中国的精益生产必须面对和解决高员工流失率问题	确实来源于本土的工厂车间，很务实
	车间人员管理那些事儿 岑立聪　著	车间人员管理中处理各种“疑难杂症”的经验和方法	基层车间管理者最闹心、头疼的事，‘打包’解决
	1. 欧博心法：好管理靠修行 **2. 欧博心法：好工厂这样管** 曾　伟　著	他是本土最大的制造业管理咨询机构创始人，他从400多个项目、上万家企业实践中锤炼出的欧博心法	中小制造型企业，一定会有很强的共鸣
	欧博工厂案例1：生产计划管控对话录 **欧博工厂案例2：品质技术改善对话录** **欧博工厂案例3：员工执行力提升对话录** 曾　伟　著	最典型的问题、最详尽的解析，工厂管理9大问题27个经典案例	没想到说得这么细，超出想象，案例很典型，照搬都可以了
	工厂管理实战工具 欧博企管　编著	以传统文化为核心的管理工具	适合中国工厂

续表

生产管理	**苦中得乐:管理者的第一堂必修课** 曾　伟　编著	曾伟与师傅大愿法师的对话,佛学与管理实践的碰撞,管理禅的修行之道	用佛学最高智慧看透管理
	比日本工厂更高效1:管理提升无极限 刘承元　著	指出制造型企业管理的六大积弊;颠覆流行的错误认知;掌握精益管理的精髓	每一个企业都有自己不同的问题,管理没有一剑封喉的秘笈,要从现场、现物、现实出发
	比日本工厂更高效2:超强经营力 刘承元　著	企业要获得持续盈利,就要开源和节流,即实现销售最大化,费用最小化	掌握提升工厂效率的全新方法
	比日本工厂更高效3:精益改善力的成功实践 刘承元　著	工厂全面改善系统有其独特的目的取向特征,着眼于企业经营体质(持续竞争力)的建设与提升	用持续改善力来飞速提升工厂的效率,高效率能够带来意想不到的高效益
	3A顾问精益实践1:IE与效率提升 党新民　苏迎斌　蓝旭日　著	系统的阐述了IE技术的来龙去脉以及操作方法	使员工与企业持续获利
	3A顾问精益实践2:JIT与精益改善 肖志军　党新民　著	只在需要的时候,按需要的量,生产所需的产品	提升工厂效率
	手把手教你做专业的生产经理 黄　娜　著	物流、信息流、资金流,让生产经理管理有抓手	从菜鸟到能把控全局
员工素质提升	TTT**培训师精进三部曲(上):深度改善现场培训效果** 廖信琳　著	现场把控不用慌,这里有妙招一用就灵	课程现场无论遇到什么样的情况都能游刃有余
	TTT**培训师精进三部曲(中):构建最有价值的课程内容** 廖信琳　著	这样做课程内容,学员有收获 培训师也有收获	优质的课程内容是树立个人品牌的保证
	TTT**培训师精进三部曲(下):职业功力沉淀与修为提升** 廖信琳　著	从内而外提升自己,职业的道路一帆风顺	走上职业TTT内训师的康庄大道
	培训师,如何让你的事业长青:自我管理的10项法则 廖信琳　著	建立了一套完整的培训师自我管理体系,为培训师的职业成长与发展提供有益的指引	培训师如何在自己的职业道路上越走越高,事业长青,一直有所收获与成长? 本书将给你答案
	管理咨询师的第一本书:百万年薪 千万身价 熊亚柱　著	从问题出发,发现问题、分析问题、解决问题,让两眼一抹黑的新人快速成长	管理咨询师初入职场,让这本书开启百万年薪之路
	手把手教你做专业督导:专卖店、连锁店 熊亚柱　著	从督导的职能、作用,在工作中需要的专业技能、方法,都提供了详细的解读和训练办法,同时附有大量的表单工具	无论是店铺需要统一培训,还是个人想成为优秀的督导,有这一本就够了

续表

员工素质提升	**跟老板"偷师"学创业** 吴江萍　余晓雷　著	边学边干,边观察边成长,你也可以当老板	不同于其他类型的创业书,让你在工作中积累创业经验,一举成功
	销售轨迹:一位快消品营销总监的拼搏之路 秦国伟　著	本书讲述了一个普通销售员打拼成为跨国企业营销总监的真实奋斗历程	激励人心,给广大销售员以力量和鼓舞
	在组织中绽放自我:从专业化到职业化 朱仁健　王祥伍　著	个人如何融入组织,组织如何助力个人成长	帮助企业员工快速认同并投入到组织中去,为企业发展贡献力量
	企业员工弟子规:用心做小事,成就大事业 贾同领　著	从传统文化《弟子规》中学习企业中为人处事的办法,从自身做起	点滴小事,修养自身,从自身的改善得到事业的提升
	手把手教你做顶尖企业内训师:TTT培训师宝典 熊亚柱　著	从课程研发到现场把控、个人提升都有涉及,易读易懂,内容丰富全面	想要做企业内训师的员工有福了,本书教你如何抓住关键,从入门到精通

营销类:把客户需求融入企业各环节,提供"客户认为"有价值的东西

	书名. 作者	内容/特色	读者价值
营销模式	**精品营销战略** 杜建君　著	以精品理念为核心的精益战略和营销策略	用精品思维赢得高端市场
	变局下的营销模式升级 程绍珊　叶　宁　著	客户驱动模式、技术驱动模式、资源驱动模式	很多行业的营销模式被颠覆,调整的思路有了!
	卖轮子 科克斯【美】	小说版的营销学!营销理念巧妙贯穿其中,贵在既有趣,又有深度	经典、有趣!一个故事读懂营销精髓
	动销操盘:节奏掌控与社群时代新战法 朱志明　著	在社群时代把握好产品生产销售的节奏,解析动销的症结,寻找动销的规律与方法	都是易读易懂的干货!对动销方法的全面解析和操盘
	弱势品牌如何做营销 李政权　著	中小企业虽有品牌但没名气,营销照样能做的有声有色	没有丰富的实操经验,写不出这么具体、详实的案例和步骤,很有启发
	老板如何管营销 史贤龙　著	高段位营销16招,好学好用	老板能看,营销人也能看
	洞察人性的营销战术:沈坤教你28式 沈　坤　著	28个匪夷所思的营销怪招令人拍案叫绝,涉及商业竞争的方方面面,大部分战术可以直接应用到企业营销中	各种谋略得益于作者的横向思维方式,将其操作过的案例结合其中,提供的战术对读者有参考价值
	动销:产品是如何畅销起来的 吴江萍　余晓雷　著	真真切切告诉你,产品究竟怎么才能卖出去	击中痛点,提供方法,你值得拥有
	1000铁杆女粉丝 张兵武　著	连接是女性与生俱来的特质。能善用连接的营销人员,就像拿到打开女性荷包的钥匙	重新认识女性的传播力量
	360°谈营销:一位营销咨询师20年实战洞察 王清华　古怀亮　著	各个角度,全方位,多视点剥营销	思路单一,此书帮你破

续表

销售	**资深大客户经理：策略准，执行狠** 叶敦明　著	从业务开发、发起攻势、关系培育、职业成长四个方面，详述了大客户营销的精髓	满满的全是干货
	成为资深的销售经理：B2B、工业品 陆和平　著	围绕"销售管理的六个关键控制点"——展开，提供销售管理的专业、高效方法	方法和技术接地气，拿来就用，从销售员成长为经理不再犯难
	销售是门专业活：B2B、工业品 陆和平　著	销售流程就应该跟着客户的采购流程和关注点的变化向前推进，将一个完整的销售过程分成十个阶段，提供具体方法	销售不是请客吃饭拉关系，是个专业的活计！方法在手，走遍天下不愁
	向高层销售：与决策者有效打交道 贺兵一　著	一套完整有效的销售策略	有工具，有方法，有案例，通俗易懂
	卖轮子 科克斯　【美】	小说版的营销学！营销理念巧妙贯穿其中，贵在既有趣，又有深度	经典、有趣！一个故事读懂营销精髓
	学话术　卖产品 张小虎　著	分析常见的顾客异议，将优秀的话术模块化	让普通导购员也能成为销售精英
组织和团队	**升级你的营销组织** 程绍珊　吴越舟　著	用"有机性"的营销组织替代"营销能人"，营销团队变成"铁营盘"	营销队伍最难管，程老师不愧是营销第1操盘手，步骤方法都很成熟
	用数字解放营销人 黄润霖　著	通过量化帮助营销人员提高工作效率	作者很用心，很好的常备工具书
	成为优秀的快消品区域经理（升级版） 伯建新　著	用"怎么办"分析区域经理的工作关键点，增加30%全新内容，更贴近环境变化	可以作为区域经理的"速成催化器"
	成为资深的销售经理：B2B、工业品 陆和平　著	围绕"销售管理的六个关键控制点"——展开，提供销售管理的专业、高效方法	方法和技术接地气，拿来就用，从销售员成长为经理不再犯难
	一位销售经理的工作心得 蒋　军　著	一线营销管理人员想提升业绩却无从下手时，可以看看这本书	一线的真实感悟
	快消品营销：一位销售经理的工作心得2 蒋　军　著	快消品、食品饮料营销的经验之谈，重点突出	来源于实战的精华总结
	销售轨迹：一位快消品营销总监的拼搏之路 秦国伟　著	本书讲述了一个普通销售员打拼成为跨国企业营销总监的真实奋斗历程	激励人心，给广大销售员以力量和鼓舞
	用营销计划锁定胜局：用数字解放营销人2 黄润霖　著	全方位教你怎么做好营销计划，好学好用真简单	照搬套用就行，做营销计划再也不头痛
	快消品营销人的第一本书：从入门到精通 刘　雷　伯建新　著	快消行业必读书，从入门到专业	深入细致，易学易懂

续表

产品	**产品研发管理实战** 任彭枞　编著	产品研发管理体系全指导	既有工具，又能开拓思路
	新产品开发管理，就用 IPD 郭富才　著	10 年 IPD 研发管理咨询总结，国内首部 IPD 专业著作	一本书掌握 IPD 管理精髓
	资深项目经理这样做新产品开发管理 秦海林　著	以 IPD 为思想，系统讲解新产品开管理的细节	提供管理思路和实用工具
	产品炼金术Ⅰ：如何打造畅销产品 史贤龙　著	满足不同阶段、不同体量、不同行业企业对产品的完整需求	必须具备的思维和方法，避免在产品问题上走弯路
	产品炼金术Ⅱ：如何用产品驱动企业成长 史贤龙　著	做好产品、关注产品的品质，就是企业成功的第一步	必须具备的思维和方法，避免在产品问题上走弯路
品牌	**中小企业如何建品牌** 梁小平　著	中小企业建品牌的入门读本，通俗、易懂	对建品牌有了一个整体框架
	采纳方法：破解本土营销 8 大难题 朱玉童　编著	全面、系统、案例丰富、图文并茂	希望在品牌营销方面有所突破的人，应该看看
	中国品牌营销十三战法 朱玉童　编著	采纳 20 年来的品牌策划方法，同时配有大量的案例	众包方式写作，丰富案例给人启发，极具价值
	今后这样做品牌：移动互联时代的品牌营销策略 蒋　军　著	与移动互联紧密结合，告诉你老方法还能不能用，新方法怎么用	今后这样做品牌就对了
	中小企业如何打造区域强势品牌 吴　之　著	帮助区域的中小企业打造自身品牌，如何在强壮自身的基础上往外拓展	梳理误区，系统思考品牌问题，切实符合中小区域品牌的自身特点进行阐述
渠道通路	**快消品营销与渠道管理** 谭长春　著	将快消品标杆企业渠道管理的经验和方法分享出来	可口可乐、华润的一些具体的渠道管理经验，实战
	传统行业如何用网络拿订单 张　进　著	给老板看的第一本网络营销书	适合不懂网络技术的经营决策者看
	采纳方法：化解渠道冲突 朱玉童　编著	系统剖析渠道冲突，21 个渠道冲突案例、情景式讲解，37 篇讲义	系统、全面
	学话术　卖产品 张小虎　著	分析常见的顾客异议，将优秀的话术模块化	让普通导购员也能成为销售精英
	向高层销售：与决策者有效打交道 贺兵一　著	一套完整有效的销售策略	有工具，有方法，有案例，通俗易懂
	通路精耕操作全解：快消品 20 年实战精华 周　俊　陈小龙　著	通路精耕的详细全解，每一步的具体操作方法和表单全部无保留提供	康师傅二十年的经验和精华，实践证明的最有效方法，教你如何主宰通路

续表

管理者读的文史哲·生活			
书名.作者		内容/特色	读者价值
思想·文化	**德鲁克管理思想解读** 罗　珉　著	用独特视角和研究方法，对德鲁克的管理理论进行了深度解读与剖析	不仅是摘引和粗浅分析，还是作者多年深入研究的成果，非常可贵
	德鲁克与他的论敌们：马斯洛、戴明、彼得斯 罗　珉　著	几位大师之间的论战和思想碰撞令人受益匪浅	对大师们的观点和著作进行了大量的理论加工，去伪存真、去粗存精，同时有自己独特的体系深度
	德鲁克管理学 张远凤　著	本书以德鲁克管理思想的发展为线索，从一个侧面展示了20世纪管理学的发展历程	通俗易懂，脉络清晰
	王阳明“万物一体”论：从“身-体”的立场看（修订版） 陈立胜　著	以身体哲学分析王阳明思想中的“仁”与“乐”	进一步了解传统文化，了解王阳明的思想
	自我与世界：以问题为中心的现象学运动研究 陈立胜　著	以问题为中心，对现象学运动中的“意向性”“自我”“他人”“身体”及“世界”各核心议题之思想史背景与内在发展理路进行深入细致的分析	深入了解现象学中的几个主要问题
	作为身体哲学的中国古代哲学 张再林　著	上篇为中国古代身体哲学理论体系奠基性部分，下篇对由“上篇”所开出的中国身体哲学理论体系的进一步的阐发和拓展	了解什么是真正原生态意义上的中国哲学，把中国传统哲学与西方传统哲学加以严格区别
	中西哲学的歧异与会通 张再林　著	本书以一种现代解释学的方法，对中国传统哲学内在本质尝试一种全新的和全方位的解读	发掘出掩埋在古老传统形式下的现代特质和活的生命，在此基础上揭示中西哲学“你中有我，我中有你”之旨
	治论：中国古代管理思想 张再林　著	本书主要从儒、法墨三家阐述中国古代管理思想	看人本主义的管理理论如何不留斧痕地克服似乎无法调解的存在于人类社会行为与社会组织中的种种两难和对立
	车过麻城　再晤李贽 张再林　著	系统全面而又简明扼要地展示了李贽独到的学术眼力和超拔的理论建树	帮助读者重新认识李贽的思想
	中国古代政治制度（修订版）上：皇帝制度与中央政府 刘文瑞　著	全面论证了古代皇帝制度的形成和演变的历程	有助于读者从政治制度角度了解中国国情的历史渊源
	中国古代政治制度（修订版）下：地方体制与官僚制度 刘文瑞　著	全面论证了古代地方政府的发展演变过程	有助于读者从政治制度角度了解中国国情的历史渊源

续表

思想·文化	**中国思想文化十八讲(修订版)** 张茂泽　著	中国古代的宗教思想文化,如对祖先崇拜、儒家天命观、中国古代关于"神"的讨论等	宗教文化和人生信仰或信念紧密相联,在文化转型时期学习和研究中国宗教文化就有特别的现实意义
	史幼波《大学》讲记 史幼波　著	用儒释道的观点阐释大学的深刻思想	一本书读懂传统文化经典
	史幼波《周子通书》《太极图说》讲记 史幼波　著	把形而上的宇宙、天地,与形而下的社会、人生、经济、文化等融合在一起	将儒家的一整套学修系统融合起来
	史幼波《中庸》讲记(上下册) 史幼波　著	全面、深入浅出地揭示儒家中庸文化的真谛	儒释道三家思想融会贯通
	梁涛讲《孟子》之万章篇 梁　涛　著	《万章》主要记录孟子与万章的对话,涉及孝道、亲情、友情、出仕为官等	作者的解读能帮助读者更好地理解孟子及儒学
	两晋南北朝十二讲(修订版) 李文才　著	作为一本普及性读物,作者尊重史实,运用"历史心理学"的叙事方法,分12个专题对两晋南北朝的历史进行阐述	让读者轻松了解两晋南北朝的历史
	每个中国人身上的春秋基因 史贤龙　著	春秋368年(公元前770－公元前403年),每一个中国人都可以在这段时期的历史中找到自己的祖先,看到真实发生的事件,同时也看到自己	长情商、识人心
	与《老子》一起思考:德篇 史贤龙　著	打通文史,回归哲慧,纵贯古今,放眼中外,妙语迭出,在当今的老子读本中别具一格	深读有深读的回味,浅尝有浅尝的机敏,可给读者不同的启发
	说服天下:《鬼谷子》的中国沟通术 翟玉忠　著	由内圣而外王,从心力的培育到具体的说服理论,再到生动的说服案例	从商业到军事再到日常生活,沟通说服已经变得越来越重要
	郑子太极拳理拳法 杨竣雄　著	走进郑子太极拳完整训练体系的大门,随着书中另一主角——师父的课程安排与每日功课的练习	当您学完这套书后,在掌握拳架的同时具备诸多正确的太极理念与系统知识
	内功太极拳训练教程 王铁仁　编著	杨式(内功)太极拳(俗称老六路)的详细介绍及具体修炼方法,身心的一次升华	书中含有大量图解并有相关视频供读者同步学习
	中医治心脏病 马宝琳　著	引用众多真实案例,客观真实地讲述了中西医对于心脏病的认识及治疗方法	看完这本书,能为您节约10万元医药费